Q&A プライベート・ブランドの法律実務

商品企画・開発から製造、販売までの留意点

弁護士 市毛由美子／弁護士 大東泰雄／西川貴晴／弁護士 竹内千春 著

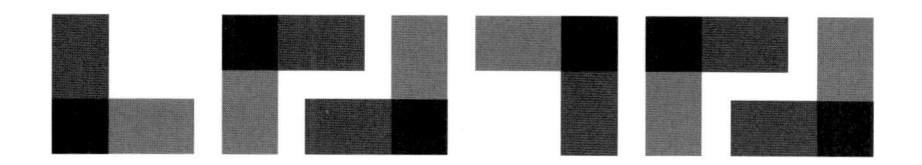

発行 民事法研究会

は し が き

　最近、スーパーやコンビニエンスストア等の小売店を訪れると、メーカーが企画し製造したナショナルブランド（NB）商品に加え、その小売業者独自のプライベート・ブランド（PB）商品が多数並べられている光景を目にすることが増えた。
　PB商品は、より低価格で高品質の商品を求める消費者の声などを背景に、ここ数年で急速に広まっているように思われる。そして、PB商品を販売する小売業者等は、類似するNB商品よりも安価で商品を提供したり、NB商品にはない独自の商品を開発したり、NB商品をさらに改良するなど、さまざまな工夫を凝らし、実に魅力的なPB商品を店頭に取りそろえている。PB商品は、わが国の消費生活に定着し、必要不可欠な存在になったと言っても過言ではないであろう。
　PB商品を取り扱う小売業者等は、メーカーが開発・製造した商品を店頭に取りそろえ、消費者に提供するという従来からの小売業者としての役割に加え、程度の差はあれ、商品の開発や製造など、本来的には製造業者の領域に属する事業活動も合わせて行うこととなる。そのため、これらの小売業者等は、たとえば下請法など、純然たる小売業者としての業務を行っているだけでは接することの少ない法律問題に新たに直面することになる。
　しかし、これほどまでPB商品が活発に開発・販売されているにもかかわらず、PB商品に関連する法律問題を横断的に解説した書籍は、これまで見当たらなかったように思われる。
　そこで、製造、販売、消費者対応など、PB商品に関連するさまざまな分野の法律問題を横断的に検討し、PB商品の開発や販売等にかかわるさまざまな方々に、幅広い法的知識を提供することを目的とし、本書を執筆した。
　本書は、企画・開発段階（第2章）、生産段階（第3章）、販売段階（第4章）、製品事故（第5章）というように、PB商品に関連する法律問題を、実

はしがき

際のビジネスの流れに沿って整理し、解説している。

　本書の取り扱う法律はきわめて広範囲に及ぶため、詳細な言及には限界があったが、法律になじみの薄い読者にとってはわかりやすく、弁護士等の専門家にとっては法律調査の入口になるような情報を提供することをめざした。

　本書が、PB商品の発展にいささかでも役立つことがあれば、望外の喜びである。

　最後に、本書を企画し、著者一同を粘り強く見守ってくださった民事法研究会の近藤草子氏に厚く御礼申し上げたい。

2014年6月

著　者　一　同

目　次

Ｑ＆Ａプライベート・ブランドの法律実務
目　次

第1章　プライベート・ブランドの概要 ―― 1

第2章　PB商品の企画・開発段階における法律問題 ―― 7

1　契約と契約書　Q1 ―― 8

2　契約書のチェック　Q2 ―― 11

3　契約書の体裁　Q3 ―― 14

4　秘密保持契約書①　Q4 ―― 17

5　秘密保持契約書②　Q5 ―― 21

6　研究・開発委託契約と研究成果の取扱い　Q6 ―― 24
　【条項例1　A社の権利承継保証条項】 ―― 26
　【条項例2　権利の共有および不実施に関する条項例】 ―― 26

7　パテントクリアランス　Q7 ―― 28
　【条項例1　権利非侵害保証】 ―― 30
　【条項例2　権利侵害発生時の損害賠償条項】 ―― 30

8　先使用権　Q8 ―― 31

9 商標ライセンス契約 Q9 ——— 34
　【条項例1　使用許諾の条項例】——— 35
　【条項例2　ライセンス料に関する条項例】——— 36
　【条項例3　ライセンサーの商標権の登録維持と非侵害保証の条項例】——— 36
　【条項例4　第三者による商標権侵害に関する条項例】——— 37
　【条項例5　商標の信用維持等に関する条項例】——— 37
　【条項例6　製造元の表示・PL保険に関する条項例】——— 38
　【条項例7　セルオフ期間に関する条項例】——— 39

第3章　PB商品の生産段階における法律問題 ——— 41
1 PB商品の生産と契約 ——— 42
　(1) 製造物供給契約①——個別契約と受発注管理　Q10 ——— 42
　　【条項例1　個別契約の成立】——— 44
　　【条項例2　個別契約の成立】——— 44
　(2) 製造物供給契約②——受入検査と瑕疵担保責任　Q11 ——— 45
　　【条項例1　受入検査】——— 46
　　【条項例2　期間延長】——— 47
　(3) 製造物供給契約③——クオリティコントロール　Q12 ——— 48
　　【条項例1　仕様】——— 49
　　【条項例2　検査】——— 50
　　【条項例3　品質管理】——— 50
　(4) 継続的契約の解消　Q13 ——— 51

2 PB商品の発注者・受注者間の問題①
　　——優越的地位の濫用 ——— 55

(1)	優越的地位の濫用の概要　**Q14**	55
(2)	PB商品の発注者と優越的地位　**Q15**	58
(3)	PB商品の発注者による濫用行為　**Q16**	61
(4)	小売業者による優越的地位の濫用の摘発事例　**Q17**	64

3　PB商品の発注者・受注者間の問題②──下請法── 67

(1)	PB商品の発注と下請法　**Q18**	67
(2)	下請法の適用要件　**Q19**	73
(3)	資本金要件　**Q20**	76
	〔図表1〕　資本金区分のパターン①（製造委託等）	77
	〔図表2〕　資本金区分のパターン②（情報成果物作成委託等）	77
(4)	PB商品の製造委託等とは　**Q21**	78
(5)	親事業者の義務と禁止事項　**Q22**	84
	〔図表〕　親事業者の4つの義務と11の禁止事項（イメージ図）	85
(6)	書面（発注書）の交付義務　**Q23**	87
	【発注書における記載例】	89
(7)	書類の作成・保存義務　**Q24**	93
(8)	下請代金の支払期日を定める義務・遅延利息の支払義務　**Q25**	96
(9)	受領拒否の禁止　**Q26**	99
(10)	下請代金の支払遅延の禁止　**Q27**	101
(11)	下請代金の減額の禁止　**Q28**	103
(12)	返品の禁止　**Q29**	108
(13)	買いたたきの禁止　**Q30**	110
(14)	購入・利用強制の禁止　**Q31**	112
(15)	不当な経済上の利益の提供要請の禁止　**Q32**	114
(16)	不当な給付内容の変更および不当なやり直しの禁止　**Q33**	116

目　次

　　(17)　その他の禁止事項　**Q34** ─────────────── 118
　　(18)　下請法に違反した場合の対応　**Q35** ──────── 121

　4　消費税率引上げをめぐる問題 ──────────── 123
　　(1)　消費税転嫁対策特別措置法の概要　**Q36** ────── 123
　　(2)　転嫁拒否等を禁止される事業者および取引　**Q37** ── 126
　　(3)　転嫁拒否等の行為の禁止　**Q38** ─────────── 129
　　(4)　転嫁カルテル・表示カルテル　**Q39** ────────── 133

第4章　PB商品の販売段階における法律問題 ── 135

　1　PB商品の販売における商標権の活用 ────── 136
　　(1)　商標・商標登録　**Q40** ───────────────── 136
　　　〔図表〕　商標権の効力が及ぶ範囲 ─────────── 138
　　(2)　商標登録の手続　**Q41** ───────────────── 141
　　(3)　小売業役務商標制度　**Q42** ─────────────── 144
　　(4)　商標登録の要件　**Q43** ───────────────── 148
　　(5)　商標の識別性　**Q44** ───────────────── 152
　　(6)　立体商標　**Q45** ──────────────────── 155
　　(7)　類似性　**Q46** ───────────────────── 158
　　(8)　商標権侵害時の法的救済　**Q47** ─────────── 161
　　(9)　先使用権・中用権　**Q48** ───────────────── 164
　　(10)　国際登録出願　**Q49** ───────────────── 166

　2　PB商品の販売と公正競争の確保 ───────── 168
　　(1)　不正競争防止法の概要　**Q50** ────────────── 168
　　(2)　周知表示混同惹起行為　**Q51** ────────────── 171

(3)　著名表示冒用行為　Q52 ───────── 174
　(4)　商品形態模倣行為　Q53 ───────── 176
　(5)　営業秘密　Q54 ──────────────── 180
　(6)　営業誹謗行為　Q55 ──────────── 183
　(7)　不正競争行為に対する法的救済措置　Q56 ── 185

3　PBの食品の安全管理・品質明示に関する問題 ── 189
　(1)　食品の製造・販売に関する規制──表示規制①　Q57 ── 189
　(2)　食品の製造・販売に関する規制──表示規制②　Q58 ── 194
　(3)　食品の製造・販売に関する規制──食品・添加物の基準・規格　Q59 ──────────────── 197

4　PB商品の販売と景品表示法 ─────────── 200
　(1)　景品表示法の概要　Q60 ─────────── 200
　(2)　景品表示法の規制対象となる「表示」　Q61 ── 202
　(3)　景品表示法上の表示主体　Q62 ───────── 204
　(4)　優良誤認表示　Q63 ──────────── 206
　(5)　有利誤認表示　Q64 ──────────── 210
　(6)　その他誤認されるおそれのある表示　Q65 ── 213
　(7)　過大な景品類の提供の禁止　Q66 ───────── 216
　　〔図表1〕　一般懸賞の限度額 ─────────── 218
　　〔図表2〕　共同懸賞の限度額 ─────────── 219
　　〔図表3〕　総付景品の限度額 ─────────── 219
　(8)　公正競争規約　Q67 ──────────── 220

5　消費税率引上げと価格表示 ─────────── 223
　(1)　消費税転嫁阻害表示の禁止　Q68 ───────── 223

(2)　総額表示義務の特例措置　**Q69** ―――――――― 225

第5章　PB商品の 製品・食品事故 をめぐる法律問題 ―― 227

1　製品・食品事故への対応 ――――――――――― 228
　(1)　製品・食品事故のリスクと対応　**Q70** ―――――― 228
　(2)　リコール、自主回収報告制度　**Q71** ―――――――― 231
　(3)　事故・問題の公表　**Q72** ―――――――――――― 235
　(4)　信頼維持・回復　**Q73** ――――――――――――― 237

2　消費者等に対する損害賠償責任 ――――――――― 240
　(1)　小売業者の損害賠償責任　**Q74** ―――――――――― 240
　(2)　製造業者の損害賠償責任　**Q75** ―――――――――― 244
　(3)　製品と事故発生との間の因果関係　**Q76** ―――――― 248
　(4)　事故と損害との間の因果関係　**Q77** ――――――― 250
　(5)　小売業者と製造業者の責任の関係　**Q78** ―――――― 252
　(6)　PL保険　**Q79** ―――――――――――――――― 255

3　小売業者から製造業者への責任追及 ―――――――― 258
　(1)　責任の発生要件　**Q80** ―――――――――――――― 258
　(2)　検査および通知義務　**Q81** ―――――――――――― 262

・事項索引 ――――――――――――――――――――― 265
・著者略歴 ――――――――――――――――――――― 270

凡　例

＝法令・条約＝

民訴法　　　　民事訴訟法

独占禁止法／独禁法

　　　　　　　私的独占の禁止及び公正取引の確保に関する法律

下請法　　　　下請代金支払遅延等防止法

不競法　　　　不正競争防止法

景品表示法　　不当景品類及び不当表示防止法

PL法　　　　 製造物責任法

JAS法　　　　農林物資の規格化及び品質表示の適正化に関する法律

消費税転嫁対策特別措置法／消費税特措法

　　　　　　　消費税の転嫁を阻害する行為等に関する消費税転嫁対策特別措置法

下請法3条規則

　　　　　　　下請代金支払遅延等防止法第3条の書面の記載事項等に関する規則（平成21年6月19日公正取引委員会規則第3号）

下請法5条規則

　　　　　　　下請代金支払遅延等防止法第5条の書類又は電磁的記録の作成及び保存に関する規則（平成21年6月19日公正取引委員会規則第4号）

乳及び乳製品の成分規格等に関する省令

　　　　　　　食品衛生法第19条第1項の規定に基づく乳及び乳製品並びにこれらを主要材料とする食品の表示の基準に関する内閣府令（平成23年8月31日内閣府令第46号）

優越的地位の濫用ガイドライン

　　　　　　　優越的地位の濫用に関する独占禁止法上の考え方（公正取引委

凡　例

　　　　　　　員会平成22年11月30日）

特措法公取委ガイドライン

　　　　　　　消費税の転嫁を阻害する行為等に関する消費税転嫁対策特別措置法、独占禁止法及び下請法上の考え方（公正取引委員会平成25年9月10日）

財務省ガイドライン

　　　　　　　総額表示義務に関する特例の適用を受けるために必要となる誤認防止措置に関する考え方（財務省平成25年9月10日）

消費者庁転嫁阻害表示ガイドライン

　　　　　　　消費税の転嫁を阻害する表示に関する考え方（消費者庁平成25年9月10日）

消費者庁適用除外ガイドライン

　　　　　　　総額表示義務に関する消費税法の特例に係る不当景品類及び不当表示防止法の適用除外についての考え方（消費者庁平成25年9月10日）

価格表示ガイドライン

　　　　　　　不当な価格表示についての景品表示法上の考え方（公正取引委員会平成12年6月30日、最終改正：平成18年1月4日）

マドリッド協定議定書

　　　　　　　標章の国際登録に関するマドリッド協定の1989年6月27日にマドリッドで採択された議定書（平成11年12月17日条約第18号）

＝引用文献＝

民集	最高裁判所民事判例集
無体集	無体財産権関係・民事行政裁判例集
知的裁集	知的財産権関係・民事行政裁判例集
判時	判例時報
下請講習会テキスト	
	下請取引適正化推進講習会テキスト（平成25年11月版）（公正取引委員会＝中小企業庁）

※なお、本文中の Question に出てくる PB 名などは、説明のためのものであり、架空のものです。

# 第1章
プライベート・ブランドの概要

第1章 プライベート・ブランドの概要

■1　プライベート・ブランドとは

　プライベート・ブランド（以下、「PB」という）とは、「スーパーマーケットや百貨店などの大手小売業者が自ら企画生産して低価格で売り出す独自のブランド製品」（広辞苑〔第6版〕）のことである。最近では、小売業者が企画のみ行い、製造は製造業者等に委託して自らのブランドを付して販売する場合や、すでに他の製造業者が確定した仕様で製造している製品にブランドだけをつけかえる場合等さまざまな形態のPBがある。

　これに対し、製造業者が自ら開発し、自社のブランドを付して全国のさまざまな小売業者で販売されている商品は、ナショナルブランド（以下、「NB」という）と呼ばれている。

　近年、PB商品の種類は増え続け、また、PB商品を導入する小売業者も増加しており、PB商品の売上げも増加している。もっとも、日本で最も著名なPB商品のひとつである「トップバリュ」のイオン単体の総売上げに占めるPB比率は約10％（2008年上期）であるとのことであり、アメリカ・ウォルマートのPB比率約20％（2007年度）、イギリスの四大スーパーのPB比率50％超と比較すると、日本の小売業者のPB比率は決して高くない。[1]このことは裏を返せば、今後も日本のPB商品の売上げが増加していく可能性が十分にあることを示すものといえる。

　特に、従来のPB商品は中小製造業者により製造されてきたが、近年、大手製造業者がPB商品の製造に参入し、これによりPB商品の品質が良化し、消費者の品質面等に対する信頼も向上するものと考えられ、かかる状況はPB商品には追い風になると予測される。

　また、これまでは、NB商品より安価であることがPB商品の大きな特徴であったが、近年、高付加価値のPB商品を販売する小売業者も出てきてい

1　加藤鉱『まやかしだらけのプライベートブランド』23頁。

る。商品の差別化や品質の向上に努め、消費者のニーズにあった商品を提供していくことは、小売業者のPB戦略にとっても重要であろうから、今後、高付加価値のPB商品の開発および販売に乗り出す小売業者が増えるかもしれない。このような価格以外の面で消費者に受け入れられるPB商品が開発されることになると、PB商品はより発展することになると考えられる。

PB商品を企画・販売する小売業者の中には、大手小売業者に対抗するために、多数の中堅または中小の小売業者が、経営の独自性を保ちながら、特定の組織に加盟して、当該組織において共同でPB商品の開発を行い、加盟店が当該PB商品を販売するような例もある。

なお、PBと似て非なるものとして、SPA（specialty store retailer of private label apparel、製造小売業）がある。SPAは、商品企画、原材料の調達、生産管理と品質管理、物流、倉庫管理および販売のすべてを行う企業のことを指すとされている。[2] SPAの代表的な企業としては、ユニクロや無印良品があり、PBを販売する小売業者とは区別されている。

■2　プライベート・ブランドと消費者

マイボイスコム株式会社により実施されたPBに関する調査結果によると、[3]週1回以上PB商品を購入する消費者は33.9%であり、相当数の消費者がPB商品を購入していることがわかる。

また、同社やインターワイヤード株式会社の調査結果によると、[4]消費者がよく購入するPB商品としては、菓子、飲料、カップ麺、パン類、乳製品、ハム・ベーコン類、冷凍食品、調味料、たれ・つゆ類などの食品が多く、そ

2　藤野香織『ヒットする！PB商品企画・開発・販売のしくみ』15頁、28頁。
3　マイボイスコム株式会社「プライベートブランド商品に関するアンケート調査（第4回）」
　　調査方法：インターネット調査
　　調査時期：2013年11月1日～11月5日
　　回答者数：1万1807名

の他では、洗剤、トイレットペーパーなどの生活用品という結果が出ている。

　消費者がPB商品を購入する理由については、価格の安さが圧倒的な理由で、大きく離れて、品質面、小売業者への信頼が続く結果となっており、PB商品の優位性が価格面に頼っていることを示す結果といえる。

■3　プライベート・ブランドの種類

　一口にPB商品といっても、PB商品の企画・開発を行う主体、PB商品の表示内容などの点は、小売業者によって異なる。

　まず、PB商品の企画・開発の主体については、小売業者単独の場合もあるし、小売業者と製造業者の共同開発の場合もある。さらには、製造業者の既存商品をほぼそのまま使用し、パッケージを変えるなどして自社ブランドで販売する場合もある。最後の場合は、小売業者から製造業者へのOEMということになる。

　次に、PB商品のパッケージ等における表示については、小売業者自らを「販売者」、製造業者を製造所固有記号により表示するPB商品がある一方、「製造者」として製造業者を表示し、小売業者自らは商品に表示しない場合もある。[5]

　なお、小売業者を「販売者」として表示している場合には、商品に記載されている問い合わせ先も小売業者とされていることが多く、消費者から寄せられる商品情報が直接小売業者に集約されることになる。一方、小売業者が

4　インターワイヤード株式会社
　　調査方法：インターネットを利用したアンケート調査
　　調査時期：2013年4月10日～4月15日
　　回答者数：7757名
5　なお、平成25年末に冷凍食品から農薬が検出された事件で、大手スーパーマーケットのPB商品に製造元の記載がなかったことから、制度の見直しを求める声が上がり、消費者庁は、加工食品に製造所と製造者名を原則として明記させる方針を固め、製造所の固有記号の使用は用件を厳しくすることを決めた。かかる見直しは平成27年施行予定の食品表示法に盛り込まれる方針である（平成26年4月17日付朝日新聞デジタル）。

PB商品に表示されていない場合には、小売業者は問い合わせ先ともならないことが通常であり、消費者からの商品情報はいったん製造業者に寄せられ、その後、製造業者から小売業者に報告されることが多いようである。

上記のように、一口にPB商品といっても、採用されているオペレーションは同一ではなく、ここでは取り上げないが、いずれの方法が適切であるかといった議論もあるところである。

■4　プライベート・ブランドのメリット、デメリット

小売業者がPBを導入する主なメリットとしては、コストの削減（製造コスト、販売促進費、広告宣伝費、流通マージン、原材料費）や、それに伴い消費者に安価で商品提供が可能となることによる競争力の向上、企業ブランド価値の向上が見込まれることがあるようである。[6]

デメリットとしては、在庫リスクや、商品開発に多くの情報収集が必要となるといった点があるようである。

他方、製造業者のメリットとしては、通常、PB商品は小売業者が全量引き取ることになっているため返品がないこと、また、販路が安定し確実に一定量の販売を確保できるため、売上げが安定することがあると言われている。

デメリットとしては、PB商品はメーカーにとって利益率が低く、また、自社商品と競合するため、長期的にみると、製造業者の企業全体の売上げが減少する可能性があるという点がある。

■5　PB商品を取り扱う小売業者が直面する法律問題

PB商品を取り扱うようになると、NB商品のみを取り扱っていた場合とは違い、小売業者が商品の開発・製造にかかわる場面が生じ、また、小売業者・製造業者間の契約（同社らの間に卸売業者が入る場合を含む）が単なる卸

---

[6] 一般社団法人食品需給研究センター「食品企業財務動向調査報告書—食品企業におけるPB取組の現状と課題」35頁。

売契約（売買契約）ではなく、製造委託契約となる場合も多くなる。

このように、小売業者がPB商品を扱うようになると、必然的に、NB商品のみ扱っていたときとは異なるオペレーションを行うことになり、それに伴い、これまで配慮する必要のなかった法律上の問題にも直面することになる。

たとえば、小売業者が商品の開発・製造過程に積極的に関与する場合には、開発段階での契約等の問題が生じ、また、製品事故が発生した場合の損害賠償責任の成否にこれまでとは異なる影響が出る場合もありえる。製品事故が発生した場合には、ブランド名を付している販売業者が積極的に対応する必要がある場合もあるはずである。

また、商標の管理や、PB商品の表示内容等に関する法令も理解し、遵守していかなければならない。

さらに、PB商品には一般的には製造業者ではなく小売業者のブランドが付されるため、製造業者は消費者ではなく小売業者に選定される立場になり、必然的に、小売業者が製造業者に優位な立場に立ちやすいことになる。このような状況においては、独占禁止法の禁止する優越的地位の濫用や下請法の問題が発生する可能性があり、小売業者の規模が大きいほどそのリスクは大きくなる。

このように、PB商品を扱う小売業者は、NB商品のみを扱う場合とは違い、より多くの法令を遵守し、また、法律問題に対応する必要が出てくる。

第2章

PB商品の企画・開発段階における法律問題

第2章　PB商品の企画・開発段階における法律問題

1　契約と契約書

Q1　PB商品の開発を進めるにあたって、外部のアドバイザーに業務を委託することになりました。アドバイザーには一定の報酬を払うことで合意していますが、契約書を取り交すべきでしょうか？

A　社外の者との間で権利と義務を明確にするためには、契約書を取り交すべきです。契約は口頭でも成立しますが、合意した内容を明確にして争いがないようにするため、また、合意内容を確実に履行してもらうためにも、契約書を取り交すことが望ましいといえます。

■1　契約を締結することの意義

　契約を締結するということは、契約当事者に権利および義務を生じさせるという法律効果をもたらす法律行為である。権利および義務に高められた約束ごとは、違反があった場合に、権利者が義務者に対して、約束した事項を履行するよう請求することができるが、単に当事者間で口頭や書面で請求できるということだけでなく、裁判に持ち込めば、裁判所により契約の履行を命じる判決を出してもらうことができる。さらに、判決は通常判決書という書面でなされ、判決が出ても裁判所の命令どおりに履行しない相手に対して、判決書をもって一定の手続を踏むと、強制執行ができる。たとえば、権利義務の対象が金銭の支払いであれば義務者の預貯金等を差し押さえたり、物の引渡しであればその引渡しを執行官が行ったりする等、国家権力がその権利の実現を可能にならしめる。

　つまり、契約そのものは、私人間の法律行為として自由に行うことができ

るが、いったん契約が有効に成立して権利および義務が生じると、裁判と強制執行という国の制度によりその実現が担保される。

■2　口頭の契約と書面による契約

　契約の成立は、法律上は口頭（口約束）でも認められるが、これを契約書という書面にしておくことで、後日裁判になったときの証拠となり、また、裁判になる前であっても事前に紛争を防止したり、当事者が契約どおりに義務の履行をすることを促す効果もある。

　ただし、単に書面化すればよいわけではなく、万が一の場合に、裁判に持ち込んで判決をもらう等の権利実現のための手段を確実にするには、書面から読み取れる権利・義務内容が具体的で明確でなければならない。

　本問では、報酬について合意があるが、アドバイザーがどのような業務をすべきかが明確ではない。アドバイザーが行うべき業務の内容とその期限をできるだけ具体的に（会議への出席、新商品の提案、市場調査の分析等）取り決めて契約書に記載しておくことが望ましい。また、報酬についても、支払時期や支払方法等の条件について、取り決めて記載しておくべきである。

■3　成立の真正が推定される

　当事者双方が協議のうえ契約書の内容が確定した後は、当事者の代表者または代表者から正当に授権された者が、署名または記名捺印して契約書を作成することとなる。民事訴訟法上は、「私文書は、本人又はその代理人の署名又は押印があるときは、真正に成立したものと推定する」とされており（228条4項）、署名または記名押印があれば、裁判になった際に署名・押印した者が作成したことが推定される。署名とは本人または会社代表者が自筆でサインすることをいう。記名とは単に名前が記されている状態をいい、第三者が手書きで書いてもワープロ等で印字されていてもかまわない。記名の場合は、本人の押印を伴うことで、署名と同様に、真正に成立したことが推

定される。

　なお、実務的には本人の署名と押印の両方を行うことが多いが、民事裁判における文書の成立の推定が働くためには、署名か記名押印かのいずれかでよい。

2　契約書のチェック

Q2　当社は、大手飲料メーカーA社に対し、複数のPB商品の製造を委託する予定ですが、A社から、まず取引基本契約を締結するよう求められています。契約書を提示されましたが、担当者としてどのような点に注意して契約書を読むべきでしょうか。

A　契約にあたって注意すべきことは以下のとおりです。
①　双方当事者が同じように権利義務の内容を認識できるか（解釈に相違やずれがないか）
②　自分に不利な点はないか
③　強行規定に違反しないか

■1　契約内容のチェックと管理

　契約書のチェックは、ある程度の法律知識が必要となるので、最終的には法務部や弁護士等の専門家の判断に委ねるべきであるが、担当者としてまったく目も通さずに、法務部や弁護士に横流しすることは避けるべきである。契約条件の中には、法律事項のほか、価格、納期、品質基準等のビジネス上の条件が記載されているため、その条件の適否については、実務を動かす現場の責任者が判断し、かつ管理する必要がある。

　また、契約締結後に、自社が契約上の義務に違反しないで実務が動いているのか、あるいは、相手方に契約違反はないのか等の確認、さらには契約の有効期限はいつまでで、期限後の更新をすべきか否かの判断等、実際の契約管理は、現場の責任者が行うべきである。そのためには現場の責任者が契約

内容を把握しておく必要もある。

■2　権利義務の明確性

　契約書を読むにあたって、まず注意すべきことは、権利義務の内容が明確になっているか否かである。この際、ある条項の言葉の意味が一義的（誰が読んでも同じ意味に解釈できること）であることが後の紛争を予防するために重要である。逆に、解釈に幅が出る可能性がある場合には、当該条項をめぐって将来紛争が生じた場合、お互いの当事者は自分に都合のよい解釈を主張して話合いに決着がつかなかったり、裁判に持ち込んでも裁判官がどのような解釈をするのか見通しがつかなかったりする。このことは、自社の立場を不安定にしたり、不利益にしたりするリスクがある。たとえば、対象製品の仕様（合意した品質）があいまいであると、納入された製品の品質に疑義が生じた場合に、A社に瑕疵担保責任を追及できるかあるいは引渡しを受けた物の品質で我慢しなければならないのか、が不明確となる。契約書は、紛争時の解決基準を示す程度に、具体的で一義的でなければならない。

■3　契約内容の合理性と合法性

　ビジネスの契約である以上、契約条件は、自社にとって受け入れ可能なものか、不利な条件になっていないか、についても注意を要する。本来、自由主義経済の基盤をなす私的自治の下では、契約は当事者間で自由に決められるのが原則である（契約自由の原則）。しかし、当事者間での取り決めが、明確でない場合に備え、または当事者の意思を補完する趣旨で、民法は、売買、賃貸借、請負、委任等の典型契約については、当事者間の公平の観点から権利・義務を定めている。よって、ほとんどの民法の規定については、当事者でこれと異なった取り決めをした場合、契約自由の原則から、当事者間の取り決めが法律の規定に優先することになる（民法91条）。

　このような規定を「任意規定」という。任意規定は、一般的には当事者間

の公平性の一応の基準となる。そこで、任意規定と比べて有利か不利かという視点でチェックしたうえで、個々具体的事情と立場に応じて、任意規定と異なる取り決めをする必要および合理性があるか否か、を検討するのがよい。なお、任意規定と異なる取り決めについては、後日そのような合意がなかったとされると、回避したかったはずの任意規定が働くことになってしまうので、そのような取り決めをしたことを文書で明確に残す（契約書中に明記する等）ことは非常に重要である。

　これに対し、契約条件が公の秩序や善良の風俗（公序良俗）に違反し（例：犯罪に手を貸す契約等）、または強行法規に違反（例：食品衛生法上許可されていない成分を含んだ飲料の売買等）している場合には、いくら当事者間に取り決めの合意があっても、法がこれを保護しないという趣旨で、契約自体が無効になることがある（民法90条）。

　このように、当事者の合意よりも優先する法律の規定を「強行規定」という。強行規定は、公序良俗違反のほか、当事者の力関係に格差がある場合（使用者と労働者、家主と店子等）、弱い立場の者を保護する趣旨で、契約自由の原則を修正するものである。何が、強行規定になるか判断に迷った場合は、最終的には専門家（弁護士）の判断に委ねるべきであるので、担当者としては、疑問に思うところを適宜専門家に相談するよう心がければよい。

第2章　PB商品の企画・開発段階における法律問題

3　契約書の体裁

Q3 契約条件の交渉と法務部によるチェックが完了し、いざ契約締結の日を迎えることになりました。契約書には、社長が自ら署名押印すべきなのでしょうか。担当部長では問題が生じるのでしょうか。また、契約書に貼るべき印紙や、その他の体裁で注意すべきことがあったら教えてください。

A 契約書に署名押印すべきは、代表取締役のほか、担当部長等の社内で当該取引の権限を与えられている（委任を受けている）現場責任者でも構いません。また、一定の契約書には印紙を貼付する必要があるので、国税庁発行の貼付印紙一覧表をチェックすべきです。[1] また、契約書は署名欄と一体となって、後に改ざんされないような体裁でなければならないため、双方当事者で割印を施すべきです。

■1　会社が当事者の場合の契約締結権限

　契約の締結は法律行為であるため、本来的には会社を代表する権限のある代表取締役のみが本人として行うことができる。ここで注意を要するのは、代表取締役は社長に限らず、会長や副社長等の他の取締役も代表権をもっていることがあるので、必要に応じて登記簿等で代表取締役が誰であるかを確認することである。

　ただし、現実には、すべての契約を代表取締役が行うことは、事実上困難であるため、社内規定等により、一定の担当部署の管理職（担当取締役や担

---

1 〈http://www.nta.go.jp/shiraberu/ippanjoho/pamph/inshi/pdf/zeigaku_ichiran.pdf〉

当部長、場合によっては担当課長の場合もある）が、契約締結権限を委任されている場合がある。このような場合には法律上は当該管理職が社長の代理人として法律行為を行うこととなり、代理人の法律行為の効果が本人（会社）に帰属することになる（民法99条）。

契約の相手方の署名押印者が部長や課長である場合、実際に当該部長や課長に正当に代理権限が与えられているか否かはわかりにくい。この点を相手方に確認して権限が与えられているとの回答を得た場合や当該部長や課長の肩書上代理する権限があると信頼した場合には、実際は権限がなかったとしても、表見代理（民法109条・110条）の規定により、相手方は契約当事者としての責任を負う。

■2　印紙の貼付

契約書に貼付する印紙については、国税庁の印紙税額一覧を参照すべきである。なお、一般商品（動産）に関する個々の売買契約書について印紙は不要であるが、本問のような取引基本契約書の場合は、「継続的取引の基本となる契約」として4000円の印紙を貼付する必要がある点に注意を要する。契約書は通常双方当事者が保管するものとして、原本を2通作成するが、双方の契約書原本に印紙の貼付が必要である。印紙税の納税義務は、契約書作成者の連帯債務とされているため、相手方の保管している契約書についても作成者として納税義務を負うことになる。双方が相手方保管契約に確実に印紙を貼付しているかを確認するため、双方が印紙を貼付した契約書を交換するという方式をとるのが実効的である。

■3　改ざん防止措置

「私文書は、本人又はその代理人の署名又は押印があるときは、真正に成立したものと推定する」（民訴法228条4項）とされているが、契約書が複数頁に及ぶ場合に真正に成立したと推定されるのは、署名押印頁と一体となっ

ている範囲であり、何ら編綴（へんてつ）がなされておらず後日自由に差し替え等ができる状態の頁については、かかる推定は働かない。署名押印頁と一体となっている範囲とは、署名押印頁との間で割印が連続している頁、袋とじした最初の頁と最後の頁に双方の割印がなされている場合の袋とじされた全部などである。

4　秘密保持契約書①

Q4　当社は全国的にスーパーマーケットやコンビニエンス・ストアを展開する小売業ですが、PBで、某大学の栄養学の教授との間で、低カロリーでビタミン豊富な惣菜シリーズを開発することになりました。製品化に至るまでに、この企画をライバル会社に知られないようにするためには、どのような契約が必要となるでしょうか？

A　社外の人間と新製品の共同開発を行うにあたって必要となるのは、まず秘密保持契約となります。最初の会議が始まる前に、秘密保持契約書を起案し、相手方の確認を得て、これを締結しておくことが望ましいです。

■1　秘密保持契約の意義

　秘密保持契約とは、一定の情報について、一定期間は関係者以外の者に開示してはならないということを双方または一方当事者が約束する内容を中核とする契約であり、NDA（Non Disclosure Agreement）と略語でいわれることもある。

　新商品の開発や販売戦略の策定にあたっては、これまでの研究成果で公表されていない情報を双方が開示し、商品コンセプトを確認し、調理実験と試食を繰り返す等して、商品となりうるものを選別していく作業が進むことになる。これらの情報をライバル会社が入手すると将来の新商品発売当初から類似商品との競争にさらされ、売上げにも影響が出てしまう可能性がある。このため、これらの商品開発過程はすべて秘密裏に行う必要があり、ここで

競争戦略の一環として必要となるのが、秘密保持契約である。

■2　不正競争防止法上の営業秘密

不正競争防止法は、秘密として管理されている生産方法、販売方法その他の事業活動に有用な技術上または営業上の情報であって、公然と知られていないものを営業秘密と定義し（不競法2条6項）、その不正取得や不正使用を不正競争（同条1項4号ないし9号）とし、差止請求や損害賠償請求ができるとしている（同法3条・4条）。不正競争防止法上の保護を受けるためには、「秘密として管理」されていることが必要となるが、ここでいう管理は、社内における管理のみならず、業務上の必要性から社外の第三者に情報を開示する場合に、適切な秘密保持契約書を締結して開示先に秘密保持義務を負わせることも含まれる。営業秘密は日常業務の中での秘密管理のための不断の努力が尽くされることを前提として法の保護を受けうるものであり、努力を怠ると救済されないリスクがあることに注意すべきである。

■3　秘密保持契約に盛り込むべき規定

秘密保持契約の内容としては、主に以下の項目があげられる。
① 契約目的（開示目的）と目的外使用の禁止
　　契約の目的または営業秘密を開示する目的を定めるとともに、秘密情報の開示を受けた当事者が当該目的以外の目的のために流用することを禁止する条項を入れるのが一般的である。
② 秘密情報の定義
　　守秘義務の対象となるべき情報の対象を特定する意味で、定義は重要である。××の技術、○○の研究成果、といったように、類型的に特定できる情報はできるだけ特定する。さらに、開示する媒体には、「秘密情報」との表示を欠かさず、かつこのような表示のあるものは秘密情報に含まれると定義することで、一定の類型に属さないが秘密として管理

する必要のある情報も守秘義務の対象にすることができる。
③ 秘密として管理し、開示・漏えいを行わないこと
　秘密としての管理は、営業秘密であることを認識できる表示を行い、施錠等の方法でアクセスを制限する、社内規則をつくってこれを周知徹底する等の内容を伴ったものでなければならない。本問のように相手方が大学教授であれば、当該大学にも秘密管理規定が存在するはずなので、その内容を確認し、規定を遵守してもらうことで足りる場合もある。
④ 秘密情報を開示できる者の範囲
　秘密情報を開示できる者の範囲をなるべく狭くする趣旨で、開示の対象は同じ社内の当該秘密情報を「知る必要のある者」に限定することもある。また、相手方が大学研究室の場合、助手や学生アルバイトにも開示が必要となる場合があるが、このような場合には、事前に当方の書面による承諾を得るものとして、承諾を求められた場合、開示先と相手方の間で秘密保持契約が締結されているかを確認したうえで承諾するというプロセスを踏むことが管理として重要である。
⑤ 秘密情報として取り扱うべき期間
　秘密保持期間は、一律に何年でなければならないという基準はないが、情報の性質や開示の目的等に照らし、また、情報の陳腐化が想定できる期間等を考慮して、守秘義務を負う期間を明確にすべきである。
⑥ 秘密として取り扱う情報に関しての保証（非保証）
　一定の秘密情報は、それをもとに、研究・製造設備への投資や、場合によってはM&A等の投資を判断するにあたり重要な前提となり、その情報の真実性、正確性が求められることがある。しかし、本問のように、これから研究を開始しようという段階では、開示する情報に誤りがないことまで保証し責任をとらされることは、その必要性も乏しく、むしろ開示しようというインセンティブを落とすことになる。よって、情報の内容に関して、その真実性や正確性について何ら保証しない旨を明

記しておくことがある。

⑦　損害賠償

　民法上は、契約違反に基づいて生じた損害のうち、相当因果関係が認められる範囲については、違反者が債務不履行として損害賠償責任を負うこととされている（民法415条・416条）。債務不履行の場合の責任範囲は任意規定（Ｑ２■3参照）であるので、契約により、損害賠償の範囲を制限することもできる。

5　秘密保持契約書②

Q5 相手方から提示された秘密保持契約書には、当事者間で取り交されるすべての情報が秘密情報であり、秘密として管理されなければならない、と規定されていますが、取り交されるすべての情報を管理することができるか心配です。これは適切な条項なのでしょうか。また、秘密として管理するとは具体的に何をしたらよいのでしょうか。

A 契約書の中で、秘密として管理する義務を負う情報の対象は一義的に定義されていなければなりません。網羅的な、あるいは抽象的な秘密情報の定義は不適切です。また、秘密としての管理方法は、秘密管理規定等によりルール化することが望ましいですが、最低限、①秘密情報である旨を媒体等に表示して認識可能な状態とすること、②秘密情報へのアクセスを制限することが必要です（Q4、第4章Q54参照）。

■1　契約書における秘密情報の定義

　秘密情報を開示する側の立場からすると、できるだけ多くの情報を秘密として扱うことが望ましいことになるが、その中にはすでに公知になっている情報や、相手方から開示を受けるまでもなく、すでに自分で独自に入手可能な情報も含まれる可能性がある。逆に、開示を受ける側の立場では、何を秘密として取り扱うべきなのかが明確でないと、その秘密としての取扱いが不完全になり契約違反になってしまうリスクがある。たとえば、開発中のレシピを秘密として管理するという義務を果たすためには、開発関係者に当該情報が秘密情報であることを周知徹底する、レシピ等を鍵のかかったロッカー

で保管する、レシピデータを保存するにあたってパスワードをかける、会議のための資料に取扱注意の表示をする等の管理を行うべきことになるが、これらの管理を完璧なものとするためには、このような管理を行うべき対象は何なのかを双方当事者が明確に認識していることが前提である。

そこで、秘密保持契約書では、なるべく具体的に秘密として管理すべき「秘密情報」の範囲を明確にしておくことが望ましい。ただし、開発過程の進行とともに、秘密保持契約締結時には想定していなかった、新たなアイディアや発見等がある場合があり、これらもまた秘密として取り扱う必要が出てくる場合もある。そこで、契約当時には具体的に明示できなかった情報も後から秘密として管理すべき対象に入れるために、バスケット条項として、「開示当事者が、開示の際に秘密として特定した情報」を「秘密情報」の定義の中に入れておく方法もある。

■2　秘密として管理すべきこと

秘密保持義務の内容は、「秘密として管理する」とか「自己の秘密と同等の管理をする」または「第三者に漏えいまたは開示してはならない」等の不作為の義務を掲げる等さまざまである。特に、抽象的に秘密として管理するという規定の場合には、契約違反を起こさないために具体的には何をすべきなのか、ということが義務者の社内で共通認識になっていなければならない。

大手企業の場合は、通常社内規定として「秘密管理規程」ないし「情報管理規程」などがある場合が多いので、その内容を確認しておくとよい。またそのような規定がない場合や、情報の開示先がそのような規定をもっていない場合には、自社の規定を参考に、社内での秘密情報の取扱いルールを明確にしてもらうよう要求することが肝心である。

ルールがない場合でも、最低限、①秘密情報であることの表示が媒体等になされていること、②施錠やパスワード管理により秘密情報にアクセスできるものが制限されていること、が必要であるが、さらに、③社内における複

製や送信等による情報の流通に一定のルールが設定されていること、④適切な廃棄方法がルール化されていること、⑤社外に開示する場合に一定の手続と適切な秘密保持契約が締結されること、⑥研修等により社内において管理ルールが周知されていること等があげられる。

第2章 PB商品の企画・開発段階における法律問題

6 研究・開発委託契約と研究成果の取扱い

Q6 当社は全国の都市圏を中心に業務展開をしている百貨店ですが、新たに、当社ブランドの化粧品を開発するプロジェクトを立ち上げ、試作品の開発をA化粧品メーカー（以下、「A社」といいます）の研究チームに委託することになりました。研究チームは、研究員のB、C、Dであり、研究の成果である化粧品は、当社ブランドで独占販売したいと考えています。研究成果として発明が生じた場合、当社がその発明に関する権利を取得するには何をしたらよいでしょう。

A A社との間で、研究成果である発明等につき特許を受ける権利の譲渡を受けるか、A社と共有またはA社に権利を留保したうえで貴社が独占的に実施できるよう契約を締結することが考えられます。

■1 研究成果に関する権利の確定

　研究委託契約に際し、その成果である発明等の扱いについて、後の実施権を誰にどのような条件で帰属させるか、を踏まえて、あらかじめ契約上の取り決めをすることが多い。本問のように、研究委託者側が、その独占販売権を確保したい場合は、以下の3とおりの方法が考えられる。
　① 特許を受ける権利をすべて承継したうえで、特許出願も単独で行う。
　② 特許を受ける権利をA社との共有とし、特許出願は両社にて行ったうえで、A社は当該特許を実施しない旨の合意をとりつける。特許の共有者は、それぞれ発明を実施することができる（特許法73条2項）が、

一方当事者が独占的に販売するためには、他方当事者との間で発明の実施権を行使しない旨を合意する必要がある。なお、この際、不実施を約束した当事者からは、それまでの研究開発に費やしたコストを回収する手段として一定のロイヤルティを要求される可能性が考えられる。
③　A社が特許を受ける権利を保有して特許を単独で出願したうえで、A社から専用実施権の設定または完全独占的実施権のライセンスを受ける。

■2　発明者からの権利承継（職務発明）

　上記いずれの方法で独占的販売権を確保するにしても、特許法上の発明者との関係は留意しなければならない。そもそも、研究開発の成果として、産業上利用できる発明をした者（自然法則を利用した高度な技術的思想の創作に関与した者）は、当該発明が、新規性・進歩性等の要件を満たす場合には、特許として登録することにより、その実施権を独占することができる（特許法29条）。

　そこで、特許を受ける権利は、発明をしたA社の研究員であるB、C、Dに帰属することになる。ただし、特許法上の「職務発明」、すなわち、「従業者等」の発明であり、「その性質上当該使用者等の業務範囲に属し、かつ、その発明をするに至つた行為がその使用者等における従業者等の現在又は過去の職務に属する発明」（特許法35条1項）である場合は、使用者等は、職務発明につき無償の法定通常実施権（法律が当然に実施できる権利を認めている）を有し（同項）、この実施権は、登録なく第三者に対抗できる（同法99条）。また、職務発明につき「契約、勤務規則その他の定め」により予約承継をすることもできる。他方で、職務発明をした従業者等は、使用者等に対し、特許を受ける権利を譲渡したり専用実施権を設定した場合には「相当な対価」の支払請求権を有する。

　通常、使用者である企業は、勤務規則としての職務発明規定をもち、また、かかる規定がない場合でも契約によりこれを承継することができるしくみに

なっているため、まずは、A社がこれらの研究者B、C、Dから正当に特許を受ける権利を承継することが、前掲■1のすべての場合の前提となる。そこでA社が権利を承継することを契約上で保証するため、以下のような条項を入れることが考えられる。

【条項例1　A社の権利承継保証条項】

> 乙（A社）は甲（当社）に対し、乙の従業員又は取締役による本委託研究の成果として生じた発明については、乙がその特許を受ける権利を承継することを保証する。

■3　ライセンスと不実施合意

そして、A社が承継を受けた特許を受ける権利は、前記■1①の場合は、委託者側に譲渡され、同②の場合はその持分2分の1が委託者側に譲渡され、同③の場合はA社に留保されたままで実施権設定契約が締結されることになる。以下は、②の場合を想定した条項例である。

【条項例2　権利の共有および不実施に関する条項例】

> 　甲（当社）及び乙（A社）は、本研究の遂行により開示、提供された情報及びサンプル等に基づいて発明及び考案等が生じたときは、速やかに相手方にその内容を連絡し、その発明及び考案等を出願する場合は、共同で出願するものとする。
> 　ただし、当該発明及び特許については、甲が独占的にこれを実施できるものとし、乙は自らこれを実施したり、第三者に実施を許諾しないものとする。

■4　権利を共有する場合の注意点

なお、②の特許を受ける権利が共有となったときは、各共有者は、他の共

有者と共同でなければ特許出願できない（特許法38条）とされている。また、共有者は他の共有者の同意を得なければ持分を譲渡できない（同法33条3項）とされている。各共有者は発明を実施できるため（同法73条2項）、共有者が誰であるかということは他の共有者にとって重要だからである。

　したがって、B、C、Dの共同発明の場合には、職務発明であっても、自己の使用者（A社）に承継させるためには、他の共有者、つまり共同研究者の同意もとらねばならないことになる点に注意を要する。

7　パテントクリアランス

Q7　当社は、ベンチャー企業であるA社が開発し製造しているロボット型掃除機に、当社のPBを付して売り出すことを企画しています。販売に先立ち、他社の知的財産権を侵害しないために、何をしたらよいでしょうか？

A　特許に関しては、パテントクリアランス調査（侵害防止調査）を行ったうえで、侵害の可能性があれば、①技術回避、②権利の無効化のための裁判等の手続、③特許権者とのライセンス交渉、のいずれかの対策を講じるべきです。

　また、著作権、ノウハウ（営業秘密）等の権利の発生に登録が要件とされていない知的財産権は、客観的には侵害の有無はわかりにくいところですが、開発者であるA社との契約（製造ライセンス契約または製品製造委託契約）の中で、特許を含めた知的財産権侵害がないことについての保証および侵害の場合の損害賠償等の取り決めをしておくことも予防策のひとつです。

■1　権利侵害回避の調査

　パテントクリアランス調査とは、一般に、市場で販売しようとしている製品に抵触する他社特許がないかの調査をいう。企業が、開発・製造コストを投下し、新たな新製品を市場に送り出したとしても、これが他社の特許その他知的財産権を侵害している場合は、権利者からの販売の差止請求や損害賠償を請求されてしまうリスクがあり、実際にこのような請求が認められると、それまでの投下資本の回収は困難となる。そこで、新製品のA社との製造

開始の前には、あらかじめ、特許公報等により、他社の特許取得情報の調査を行う必要がある。

実際の調査は弁理士等の専門家に依頼することになるが、その際、対象技術のキーワードや特許分類については、専門家と十分協議して的確な調査を実施してもらう必要がある。調査対象は、今後権利化の可能性のある特許（審査請求期間内・審査中の特許）および登録された特許の公報等で、権利期間（出願から20年）にさかのぼって出願された特許の調査が必要となる。

なお、パテントクリアランス調査で、侵害の可能性のある他社の特許が指摘された場合は、①仕様や製造方法を変更して、特許の権利範囲を回避する、②公知資料等を用いて特許を無効にするための手続（無効審判請求、無効確認訴訟等）を開始する、③権利者との間でライセンス交渉を行う、等の侵害回避のための対応が必要となる。

■2　権利侵害のないことの保証

特許、実用新案、意匠、商標等の産業財産権は、登録が権利発生の要件となっているため、登録の有無および内容を調査することで抵触を発見することができるが、著作権や不正競争防止法上の営業秘密は、登録等の形式的要件がなく、特に著作権に関しては、創作と同時に権利が発生し、また、独自に創作したものが他人の著作物とたまたま同一または類似していても侵害を構成するわけではないことから、その侵害の可能性の調査はきわめて困難である。

そこで、製品の製造元やライセンサーに対して、第三者の権利を侵害していないことを保証してもらう条項を求めることがある。ただし、製造元やライセンサーの立場からは、いかなる権利も侵害していないことを調査することは不可能に近いので、保証できるのは、最低限権利侵害があることを知らなかったという点のみだという反論を受けることがある。このような場合に、想定される契約条項は以下のとおりである。

【条項例1　権利非侵害保証】

> 乙（A社）は甲（当社）に対し、本契約締結時に、本製品の製造、販売、輸出入、賃貸、その他の本製品に関する営業活動が、第三者の特許権、実用新案権、意匠権、商標権、著作権、不正競争防止法上の営業秘密その他の知的財産権を侵害し、又は侵害する可能性のあることについて過失なく認識していないことを保証する。

また、後に第三者から権利侵害を理由に差止請求や損害賠償請求を受けた場合を想定して、契約書に次のような条項を入れることもある。

【条項例2　権利侵害発生時の損害賠償条項】

> 本製品に関し、甲（当社）と第三者との間で知的財産権に関する紛争が生じた場合は、甲は速やかに乙（A社）に対して書面による通知を行うものとし、乙は、その費用と責任において、当該紛争を解決するものとする。乙は、本製品が第三者の知的財産権を侵害することにより甲が被った全ての損害を賠償しなければならない。

8 先使用権

Q8 当社は、燻製等の方法により肉のアミノ酸を大幅に増量する製造方法を開発し、この方法で製造した燻製は、2年前から全国的に小売業を営むA社のPB商品として採用され、現在に至るまでA社の店舗で販売されてきました。ところが、B社が1年前に同じ製造方法について特許出願し、現在これが公開されています。特許が登録された場合、当社およびA社は、この燻製製品を販売することができなくなってしまうのでしょうか。

A 特許出願前から実施またはその準備をしている発明については、先使用権が主張できます。

■1 先使用権

　他人の特許出願にかかる発明の内容を知らないで、当該出願前から、自らその発明をする等して日本国内においてその発明の実施である事業をしている者またはその事業の準備をしている者は、その他人の出願した発明が特許になった場合、差止請求や損害賠償請求を受けると不測の不利益を被ることになる。そこで、法は公平の見地から、権利として、このような者（先使用権者）が特許出願の際に、実施または準備をしている範囲内において、当該特許出願にかかる特許権について無償の通常実施権を定める（特許法79条）。ある発明を、特許として出願せずに、営業秘密として管理し実施していた状態で、第三者が特許権の設定登録を受けたような場合、先使用権が認められると、特許権者からの差止請求や損害賠償を受けることなく、発明を無償で

実施できる。ただし、訴訟において先使用権の主張を行うには、原告の特許権侵害の主張を封じる抗弁となるので、被告が主張・立証責任を負うことになる。このため、特許出願を行わずに発明を実施する際は、訴え提起された場合に備え、自ら発明し実施または実施の準備をしたことを証明するための証拠（試作品のサンプル、研究ノート、設計図、事業計画書、稟議書、納品書等）を保存・管理しておくことが重要となる。

■2　先使用権者

先使用権が認められるためには、発明の実施である事業をしていること、またはその事業の準備をしていることが必要であるが、本問のA社のように事業設備を有する他人に注文して自己のためにのみ物品を製造させ、その引渡しを受けて、これを他に販売する場合も発明の実施である事業をしていると評価できるとされている（最二小判昭44・10・17民集23巻10号1777頁）。

また、事業の準備とは、いまだ事業の実施には至らないものの、即時実施の意図を有しており、かつ、その実施の意図が客観的に認識される態様、程度において表明されていることを意味する（〔ウォーキングビーム式加熱炉事件〕最二小判昭61・10・3民集40巻6号1068頁）。

■3　先使用権の範囲

先使用権は、特許権者と先使用権者の公平の観点から認められる通常実施権であるため、出願当時の技術水準から先使用権者が自己のものとして支配していた発明の範囲で認められるべきものであり、出願当時現に実施または準備していた実施形式に具現された発明と同一性を失わない範囲内において変更した実施形式にも及ぶが、その実施形式に具現された発明が特許発明の一部であるときは、先使用権の効力はその一部にしか及ばない（上記ウォーキングビーム式加熱炉事件）。

また、先使用権者は、先使用権を取得している実施行為と異なる実施行為

を行うことはできないため、本問において製品の販売のみ行ってきたA社は、輸入についての先使用権を主張することはできない。

第2章　PB商品の企画・開発段階における法律問題

9　商標ライセンス契約

Q9 当社は、今般自社製品を親会社グループのPBに加える計画を立て、準備中です。PB商品に付するブランドマークの商標権は親会社が有していますが、商標の使用について、どのような契約内容になるでしょうか。

A 商標の使用許諾契約（ライセンス契約）になりますが、ブランドマークに化体された信用維持のため、さまざまな制約が課せられる可能性があります。

■1　ライセンス契約とは

ライセンス契約は、知的財産の権利者が、権利そのものは自己に留保し、他人にその実施や利用をする権限を付与する契約であり、その対象は無体物たる知的財産である。商標権も商品または役務を表示する知的財産権のひとつであるので、ライセンス契約の対象となっている。

■2　商標ライセンス契約の類型

商標のライセンス契約としては、次のような類型が考えられる。
① 専用使用権（商標法30条）
　　商標権者との契約により定められた範囲内において、独占排他的に使用できる権利をいい、登録が権利発生の要件となっている。第三者による使用を排除できる物権的権利で、侵害者に対して自ら差止請求、損害賠償請求、刑事告訴ができる。専用使用権が設定されると、商標権者自らも当該商標を使用できない。ただし、特約で商標権者が自己使用権を

留保することもできる。

② 通常使用権（商標法31条）

商標権者との契約により設定行為で定められた範囲内において、商標を使用できる権利をいい、かかる権利が独占的か非独占的かは契約（当事者の合意）による。当事者の契約により発生し、登録は対抗要件にすぎない。債権的権利なので、商標権者は同じ内容の非独占的通常使用権を複数の相手に許諾できる。

通常使用権者は、第三者に対する権利行使は原則としてできないが、独占的通常使用権の場合は、判例上損害賠償請求を認められており、差止請求権も債権者代位によって行使できるとする説がある（ただし反対説もある）。

■3 商標ライセンス契約の主な条項

(1) 使用許諾（ライセンス）の範囲

商標ライセンス契約の中核をなすのが、①許諾する商標、②許諾する地域（テリトリー）、③許諾する対象の商品またはサービス、④独占的ライセンスか非独占的ライセンスか、⑤許諾期間の許諾範囲の取り決めである。さらに、⑤使用態様（製造、販売、輸入、輸出、営業活動、広告・宣伝、ウェブサイトでの使用）についても取り決めておくこともある。

【条項例1　使用許諾の条項例】

> ライセンサーはライセンシーに対し、本契約期間中、本契約の諸条件に基づいて、別紙1記載の対象商品について、別紙2記載のテリトリー内において、別紙3記載の商標を非独占的に使用して、対象商品を製造、販売、及び広告・宣伝すること（ウェブサイトでの使用を含む。）を許諾する。

(2) 対価（ライセンス料）

対価については、契約当初に支払う一時金や前払金、売上数量または売上金額に対して一定割合を支払うロイヤリティ、一定契約期間の対価を固定する方法等がある。以下は、売上げに応じてロイヤルティを支払う条項例である。

【条項例2　ライセンス料に関する条項例】

1．ライセンシーはライセンサーに対し、本契約期間中の対象商品に関連する本商標の使用の対価として、対象商品の純売上の○%を、ライセンサーに対し支払う。
2．本条において純売上とは、対象商品のテリトリー内における売上額から、販売のための通常の値引き、保険、運送・配送料、消費税を差し引いた金額をいう。

(3) ライセンサーの商標権の維持等の義務

ライセンシーによる商標の使用が第三者の権利を侵害することがないよう、ライセンサーによる有効な商標登録およびその維持と第三者の権利侵害がないことを保証する条項を入れることがある。

【条項例3　ライセンサーの商標権の登録維持と非侵害保証の条項例】

ライセンサーは、本契約期間中、本商標の登録及びその有効性を維持し、また、本契約に基づくライセンシーによる本商標の使用が第三者の権利を侵害しないことを保証する。

(4) 第三者による商標権侵害を排除する義務

第三者が同一または類似商標を使用して侵害品が流通している場合、ライ

センシーの売上げが減るばかりか、商標に化体した信用が毀損する危険もある。このため、侵害品の差止措置はブランドの価値を維持するため重要である。しかし、非独占的ライセンスの場合はライセンシーが自ら差止請求を行うことができないため、ライセンサーによる適切な権利行使が重要となる。以下は、ライセンサーによる侵害品排除義務を定めたものである。

【条項例4　第三者による商標権侵害に関する条項例】

1．ライセンシーは、許諾地域において第三者により本件商標の侵害若しくは侵害のおそれがあること、または許諾製品の偽者（侵害品）が流通していることが判明した場合は、速やかにライセンサーに通知する。
2．ライセンサーは、前項の通知を受けた場合、速やかに事実関係を調査し、第三者による権利侵害が明らかになった場合は、その費用と責任において、侵害行為の停止・排除を求める裁判上又は裁判外の措置をとるものとする。
3．ライセンシーは、ライセンサーの要請ある場合には、前項のライセンサーの措置に対する合理的な協力を行う。

(5)　商標の信用維持に関するライセンシーの義務

　商標は、自他商品・役務の識別機能を有し、その使用によって権利者の信用（グッドウィル）が蓄積され、顧客吸引力に繋がる。このため、その使用に際しては、対象商品の品質の維持を含め蓄積された信用が毀損されないよう留意する必要がある。以下は、商標の信用を維持するためにライセンシーに課される義務の例である。

【条項例5　商標の信用維持等に関する条項例】

1．ライセンシーは、本商標の使用の形態と方法について、その色彩、大きさも含めてライセンサーの書面による事前の承諾を得なければならない。
2．ライセンシーは、その製造又は販売する対象商品にライセンサーの書面に

よる事前の承諾を得た本商標のみを使用するものとし、他の商標を付してはならない。
3．ライセンシーは、本契約に従い製造販売する対象商品の品質維持に努め、本商標の信用を損なう行為を行ってはならない。
4．ライセンシーは、対象商品の量産を開始する前に、各対象商品の見本をライセンシーに送付し、ライセンサーの書面による事前の承諾を得なければならない。
5．ライセンシーは、対象商品の量産開始後半年ごとに、ライセンシーが生産した各対象商品のサンプルを、ラベル及び包装とともにライセンサーに送付して、ライセンサーのチェックを受けなければならない。ライセンサーが、サンプルチェックにより改良を要すると判断した場合は、ライセンシーはライセンサーの指示に従い、適宜の改善措置を講じなければならない。

(6) 製造物責任

PBによる商標の使用を第三者に許諾した場合、実際に商標権者が製造していなくても、製造者であるかのような表示と解釈されて責任が生じる可能性がある（第4章Q62参照）。これを回避するために、当該商標とは別に、製造元の表示を付するケースもある。また、ライセンシーに、PL保険の加入を求める場合もある。

【条項例6　製造元の表示・PL保険に関する条項例】

1．ライセンシーは、対象商品の製造・販売にあたり、製造元であることを相当な方法で表示しなければならない。
2．ライセンシーは、対象商品の製造・販売に際し、ライセンシーの費用負担にて別途ライセンサーの指定するPL保険に加入し、その保険証書の写しをライセンサーに提出する。ライセンシーは、本契約期間中かかるPL保険契約を維持しなければならない。

(7) 契約終了後の使用停止とセルオフ期間

　契約終了とともに本来の使用許諾期間は終了し当該商標を付した商品は販売できなくなるはずであるが、ライセンシーが在庫を有している場合に、その販売を一定期間許諾する場合がある。このような在庫販売をセルオフという。この場合は通常、ライセンス料その他の契約条件は本来の許諾期間と同様とする。これは、契約終了後に新たな製造を許諾するものではないので、契約終了日の在庫数量を確定しておくことが必要となる。

【条項例7　セルオフ期間に関する条項例】

　本契約終了後6ヶ月間は、ライセンシーは契約終了時に在庫する対象商品を本契約期間中と同一の条件で販売することができる。ライセンシーがかかる在庫販売を希望する場合には、本契約終了日後速やかにその在庫数をライセンサーに対し書面により報告しなければならない。

第3章

PB商品の生産段階における法律問題

第3章　PB商品の生産段階における法律問題

1　PB商品の生産と契約

(1)　製造物供給契約①──個別契約と受発注管理

Q10　当社は、PB商品の中でも、季節要因で販売数量が一定しない食品の発注に関しては、1週間単位で前週の販売量を参考に、発注量の調整を行うようにしています。具体的には、発注書を出してから、10日以内には商品を納品してもらいたいが、発注先に在庫がない等の事情で10日以内に納品ができない場合には、他の調達先に発注をかける等の手当が必要なため、少なくとも、発注から3営業日以内には受注の可否を知りたいと考えています。このような受発注管理のために、契約書ではどのような工夫をしたらよいでしょう。

A　個別契約の成立時期の合意によって、工夫ができます。

■1　契約の成立時期

　継続的取引のための契約書としてよくあるパターンは、個別の取引（受発注）に共通の合意事項を盛り込んだ取引基本契約と、個別取引ごとに対象製品、数量、価格、納期、納入場所等を合意して取り交わされる、取引個別契約の二層構造の契約スタイルである。基本契約も個別契約も、当事者の意思表示が一致したときに契約が成立し、当事者間で別段の取り決めがない限り契約成立と同時に効力が発生し、権利義務の法的拘束力が生じる。ただし、個別契約に関しては、簡易迅速性を重んじて、発注書、発注請書といった、一方的書面のやりとりだけで、基本契約のような双方が同一書面上に捺印した

契約書をつくらないことが多いため、契約がいつ成立するのかが問題となる。

　一般に、隔地者間の意思表示は、原則として相手方に到達してはじめて有効となるが（到達主義・民法97条1項）、契約における承諾の意思表示だけは、発信主義が採用されている。すなわち、民法上は、隔地者間の契約の成立は、一方当事者の申込みの意思表示に対して相手方が承諾の意思表示を発したときに、契約が成立すると規定している（発信主義・民法526条1項）。発注書形式の個別契約の場合は、発注書が申込みの意思表示、発注請書が承諾の意思表示となる。

■2　合意による成立時期の取り決め

　しかし、発信主義の規定は任意規定であるため（第2章Q2■3参照）、当事者間でこれと異なる合意をすれば合意した内容が優先する。たとえば、発注者の側の事情で、承諾の意思表示（発注請書）が到着するまでは、契約が成立したことを知りえないのは都合が悪い場合には、受注者との合意により契約の成立を承諾の意思表示（発注請書）が到達した時とすることが可能である。

　また、受注者に受注義務を課したい場合には、承諾の意思表示（発注請書）を出さなくても、申込みの意思表示（発注書）が受注者に到達すると同時に契約が成立したと合意することも可能である。ただし、受注者にしてみると、発注書にどのような数量や納期が記載されていても、常に受注義務を負うというのは在庫管理等の面で相当な負担となる。契約が遵守できなければ、当然に債務不履行として損害賠償責任を負うことになる（民法415条）ので、受注者側では発注書の到達だけで契約を成立するのはできれば避けたいところである。

　このような双方の事情の下に、本問のようなケースで個別契約の成立時期の取り決めとして考えられるのは、以下のような条項である。

【条項例1　個別契約の成立】

> 個別契約は、甲（発注者）が納品日の10日前までに注文書を乙（受注者）宛に送付し、これに対する乙の注文請書が甲に到達した時に成立する。但し、注文書の発送日から3営業日以内に、乙から注文を受けられない旨の書面による通知が甲に到達しなかった場合は、個別契約は、かかる3営業日の経過をもって当然に成立したとみなす。

【条項例1】では、乙が何も通知しなかった場合は、発注書の発行日から3営業日の経過をもって契約が当然成立してしまうので、乙としては、発注書に記載された数量や納期が対応できない場合には、かかる3営業日以内に注文は受けられないという書面による通知をしなければならなくなる。甲としては、乙からこのような通知がきた場合には、ほかの取引先に注文を出すことができる。

【条項例2　個別契約の成立】

> 個別契約は、甲（発注者）が納品日の10日前までに注文書を乙（受注者）宛に送付し、これに対する乙の注文請書が注文書の発送日から3営業日以内に甲に到達した時に成立する。乙は、甲の注文を受注する場合は、かかる3営業日以内に甲に到達するよう注文請書を発行しなければならない。

【条項例2】は、注文書の発行日から3営業日以内に乙が何も通知しなければ個別契約は成立しないという、【条項例1】と逆の結果になる。乙が、受注の際には確実に期間内に注文請書を発行することが前提となる。

(2) 製造物供給契約②——受入検査と瑕疵担保責任

Q11　当社は、PBブランドの文房具商品の製造を一括してA社に委託していますが、これらはA社の規格品で、当社がすべての物品について受入検査をするのは困難であることから、A社が納入前に検査をしたうえで納品することにしています。一般に、売買の買主は目的物の検査義務を負うと聞きましたが、このような運用で何か問題はあるでしょうか。また、当事者間の合意で、瑕疵担保期間を納品後12か月間とすることは可能でしょうか。

A　買主の検査義務を免除して、売主が納入前検査を行い、その検査票のチェックをもって、納品検査とする契約も、双方当事者が合意していれば有効です。任意の（法律の規定とは異なる）瑕疵担保期間の合意も同様に有効です。

■1　製造物供給契約の買主の義務

　製造物供給契約は、一定の規格（仕様）に合致した製品の製造を委託し、それを供給してもらう内容で、請負契約と売買契約の要素が混在する契約であるといわれているが、取引の具体的状況に応じて、民法または商法の請負または売買のいずれかの規定の適用を受ける。

　一般に、商取引としての売買契約の買主は、引渡時に遅滞なく目的物を検査する義務を負い（商法526条1項）、かかる検査により目的物に瑕疵があること、またはその数量に不足があることを発見したときは、直ちに売主に対してその旨を通知しなければ、瑕疵または数量の不足を理由として契約の解除または代金減額もしくは損害賠償の請求ができないとされている（同条2

第3章　PB商品の生産段階における法律問題

項）。

■2　受入検査とその省略

上記■1は任意規定であるため（第2章Q2■3参照）、当事者間でこれと異なる合意をすることを妨げるものではない。

対象商品が売主の規格品である場合で、買主の店舗等に個別に配送される場合は、買主が納入品のすべてを逐一検査するよりも、売主が出荷前に買主と合意した項目の検査を行い、これに合格した商品のみを検査票とともに出荷し、買主は検査票を確認するだけでその他の検査を省略したほうが効率的な品質管理ができる場合もある。このような方法で、買主と売主の合意により、受入検査を省略する契約とすることも可能である。

【条項例1　受入検査】

1．乙（A社）は、本製品の出荷ロットごとに、当事者間で合意した仕様書を基準に試験を行い、かかる試験表を甲（当社）の指示に従って甲宛に送付する。乙は、出荷ロットごとの本製品のサンプルを、出荷から3年間保存し、甲の請求ある場合はこれを甲に送付する。
2．甲の受入検査は、前項の乙の試験票の確認をもって、省略することができる。

■3　瑕疵担保期間とその延長

商法は、買主が売買の目的物に直ちに発見できない瑕疵を、目的物の受領から6か月以内に発見したときも、直ちに売主に対してその旨を通知しなければ、瑕疵または数量の不足を理由として契約の解除または代金減額もしくは損害賠償請求ができないとされている（商法526条2項）。しかし、瑕疵担保の期間も任意規定であるので、当事者間の合意によりこれを納品後12か月に延長することは可能である。

【条項例2　期間延長】

　甲（当社）は、納入確認後12ヶ月以内に、本製品の隠れたる瑕疵を発見し、乙（A社）に直ちに通知をした場合は、乙（A社）は甲の指示に従い、速やかに代品の納入、代金の減額または甲に生じた費用及び損害（弁護士費用を含む。）の賠償を行う。

第3章　PB商品の生産段階における法律問題

(3)　製造物供給契約③──クオリティコントロール

Q12 当社は、当社の取り扱うPB商品の中に、A社のヒット商品である「ピンクスムージー」を入れるべく、A社に製造委託を行うこととなりました。A社は、最近事業を拡大している中堅の飲料メーカーですが、当社とはじめての取引であるため、安定した品質の製品を供給してもらえるかが懸念事項です。品質コントロールのため、契約上どのような工夫をしたらよいでしょうか。

A まずは、製品の仕様を定め、契約上で納入品と仕様との一致を保証してもらうほか、量産体制に入る前と量産開始後一定期間ごとに、サンプル品の検査を行う、製品の原材料およびその調達先、製造工程、並びに製造場所等が変更になった場合には、事前の承諾を必要とする等の管理が考えられます。

■1　PB商品の品質管理

　他の会社に製品の製造を委託する場合で、特に当該製品を発注者のブランドで販売する場合は、ブランドに化体された信用力を維持するための品質管理がきわめて重要である。品質事故を起こすことで、せっかく蓄積されたブランドに対する消費者の信頼が一気に失墜するリスクも想定できるため、契約書においても、細心の注意が必要となる。

　他方で、受注者の側では、発注者の希望する規格と誤差が生じた場合、商品の受け取りを拒否されることがある。特に食品の場合は転売はおろか中身の詰め替えもできず、大量の在庫を抱えたり、そのまま処分しなければならず、本来回収できるはずの費用が入ってこないため、資金繰りが苦しくなる

リスクがある。

品質管理のための取り決めは双方にとって重要である。

■2　仕様の確定

製造委託の対象たる製品の品質を仕様等で定めることは、品質管理の基本であるが、事実上の品質管理のみならず、かかる仕様書が契約書の一部として組み込まれることで、随時発注する個々の製品について当該仕様を満たすことが法律上の義務となる。契約上保証された仕様を満たさない製品により損害が生じた場合は、債務不履行または瑕疵担保責任が追及できる。契約書に仕様を組み込むためには、契約書の別紙で仕様を添付するか、または契約時点では仕様が定まっていない場合などは、契約中の品質保証の条項で仕様書を引用しておく方法もある。

さらに、諸般の事情で、一度確定した仕様を変更する場合は、契約条件の変更に該当するので、双方が合意のうえ合意を確認できる書面を作成しておくべきである。時には仕様変更がいつの時点であったのかが争いになることもあるので、変更日付も明確に書面で残しておくべきである。

【条項例1　仕様】

> 乙（A社）は、本製品が別紙記載の仕様に一致することを保証する。
> 本製品の仕様については、別途当事者間で合意のうえ双方当事者の品質管理責任者の署名押印ある仕様書を作成する。乙は本製品が仕様書に定める品質を満たすことを保証する。

■3　検　査

品質確保の取り決めを担保するものとして、実際の製造設備で製造された製品のサンプル検査は重要である。まずは量産体制に入る前に一定量のサンプルと仕様との一致を確認し、さらに、量産体制に入ってからも一定期間ご

と（または製造ロットごと）にサンプル検査を行うことが望ましい。

また、必要に応じて、A社への立入検査ができるようにしておくことも重要である。

【条項例2　検査】

1．乙（A社）は、本製品の量産を開始する前に、本製品の種類ごとに10本の見本を甲（当社）に送付して検査を受け、書面による事前の承諾を得なければならない。
2．乙は、半年ごとに、乙により生産された本製品の種類ごとに10本の見本を、ラベル及び包装とともに甲に送付して、甲の検査を受けなければならない。
3．甲は、本契約の有効期間中いつにても、本製品の品質を検査するため、乙の施設に立ち入り、又はその他の適切な手段をとる権利を留保する。
4．乙により製造された製品の品質が、甲の検査により仕様との不一致その他の不適なものと判断された場合、乙は適宜甲の指示に従い改善措置を講じなければならない。

■ 4　製造工程や原材料の変更

製品の製造工程や原材料およびその調達先は、品質とは密接な関係を有し、その変更によって品質に変化が起きる可能性がある。本問のスムージーも、使用する原材料によって、味や風味や栄養価が異なってくる可能性があるので、製造工程、原材料の調達先、製造場所等についてあらかじめ書面で合意をし、合意したところを変更する場合には、当社の事前の承諾を求めることとすべきである。

【条項例3　品質管理】

乙（A社）が本製品の原材料及びその調達先、製造設備、製造機器、本設備の改良、改造等を行う場合は、事前に書面で甲（当社）に通知し、甲の書面による事前の承諾を得るものとする。

(4) 継続的契約の解消

Q13 菓子の製造業者である当社は、スーパーマーケットを運営するＡ社との間で、契約期間を定めることなく、PB商品である菓子Ｂ（以下、「商品Ｂ」といいます）の製造委託契約を締結し、それに伴い、銀行から多額の新たな借入れをして設備投資を行い、従業員も２倍に増員しました。

ところが、契約締結のわずか６か月後に、Ａ社から製造委託先をＣ社に変更するとの理由で、３か月後に契約を解約する旨の通知を受けました。

当社は、Ａ社に対し、設備投資費用、営業利益等の損害賠償をできるのでしょうか。

A 貴社のＡ社に対する損害賠償請求は認められる可能性があります。

■1 継続的契約と契約解消の制限

PB商品の製造委託契約の中途解約や更新拒絶は、契約書で定めたとおり行うことができるのが原則である。

しかし、契約が反復更新されるなどして長年継続した場合や、契約を解消された側（以下、「被解消者」といい、契約を解消する側を「解消者」という）が一定期間以上の取引を前提として投資をした場合など契約が相当期間継続することが予定されている場合には、継続的契約として、解約、更新拒絶、解約（これらをまとめて「解消」という）が制限され、これに反して製造委託

---

1 たとえば、大阪地判平17・9・16判時1920号96頁。

契約を解消した場合、解消者が被解消者に対し損害賠償責任を負うことがある。

契約の解消が制限されるか否かは、契約・権利義務の種類・内容、契約期間・契約の継続期間、特約の有無・内容、契約の目的、投資状況等を考慮して、契約が相当期間継続してきたまたは相当期間継続することが予定されていると評価されるか否かにより判断される[2]。

製造委託契約の定めと契約の解消の関係について整理すると、以下のとおりである。

① 契約期間の定めのある契約の期間満了時の更新拒絶

　原則　契約は契約期間の満了により当然に終了し、自由に更新を拒絶できる。

　例外　継続的契約と評価される場合には、契約更新しない旨の予告から契約期間満了までの期間の長さおよび更新拒絶の理由を考慮して、更新拒絶が相当な場合には制限を受けることなく更新拒絶でき、相当といえない場合には更新拒絶が制限されるとされている[3]。

② 契約期間の定めのない契約の解約

　原則　契約に解約権を認める特約（解約条項）があるときは、この特約に従い解約できる。解約特約がないときは、いつでも解約できる[4]。

　例外　継続的契約と評価される場合には、解約の予告期間および解約理由を考慮して、解約が相当な場合には制限を受けることなく解約でき、相当といえない場合には解約が制限されるとされている[5]。

③ 契約期間の定めがあり、かつ中途解約条項がある場合の中途解約

2　中田裕康『継続的売買の解消』477頁以下、升田純『現代取引社会における継続的供給契約の法理と判例』92頁参照。
3　中田・前掲〈注2〉494頁以下。
4　升田・前掲〈注2〉92頁以下、中田・前掲〈注2〉494頁参照。

原則　特約（解約条項）に従い解除できる。
　　例外　継続的契約と評価される場合には、特約に基づく解約が制約される場合がある。

　なお、PB製品の事例ではないが、東京地判平22・7・30判時2118号45頁は、YがXとの間でワインの輸入販売の契約を締結し、18年間取引を継続していたが、4か月後に契約を解約すると通知した事案（判決は契約期間の定めのない契約であることを前提としたものと考えられる）において、1年の予告期間を設けるか、その期間に相当する損失を補償すべき義務を負うとし、契約を解消したYに損害賠償を命じた。

■ 2　損害賠償責任の範囲

　契約の解消が制限されて解消者の損害賠償責任が肯定される場合、次に損害の範囲が問題となる。

　損害になりうるものとしては、被解消者の契約履行・準備に要した費用、逸失利益、事業の停止・廃止に伴う損失、他社との取引機会の喪失が考えられる。

　営業上の逸失利益については、諸々の事情を考慮したうえで、数か月分から1年分[6]の範囲内で認める裁判例が多いようである。[7]

---

[5] 中田・前掲〈注2〉494頁以下参照。予告期間については、取引の性質、実績、相手方状況などに応じて合理的なものであることを要するとする。また、やむをえない事由がある場合には、予告期間を設けることなく、契約を解消できるとする。

[6] 本問のように商品等を供給する側が契約を解消されて損害賠償請求した事案で、6か月分の逸失利益を認めた裁判例として、東京地判昭57・10・19判時1076号72頁、東京地判昭56・9・30判時1045号105頁がある。

[7] 本問のように商品等を供給する側が契約を解消されて損害賠償請求した事案では、たとえば、前掲〈注1〉大阪地判平17・9・16は、商品の供給が可能となってから少なくとも1年間の取引を期待する立場にあったと認定したうえで、商品の供給開始可能日かつ解約申入日から1年分の逸失利益に係る損害賠償が認められることを前提に損害額を算定した。

■3 本問の検討

　本問においては、貴社は多額の借入れをしたうえで設備投資を行っている。また、貴社が従業員を2倍に増員したことからすると、商品Bの売上げが貴社の売上げに占める割合が高く、貴社のA社への依存度が高いことが推測される。他の事情にもよるが、本問の契約は継続的契約と評価され、契約の解約が一定の制限を受ける可能性がある。

　仮に継続的契約と評価される場合、契約期間の6か月と予告期間の3か月の合計9か月が設備投資費用すら回収できないような期間であれば、3か月の予告期間は十分な予告期間とはいえず、契約を解消することがやむをえないといえるような事情がない限り、契約の解約は制限を受け、貴社のA社に対する設備投資費用と一定期間の営業利益の一方または双方に係る損害賠償請求が認められる可能性がある。

■4 継続的契約を解消する場合の留意点

　以上のとおり、小売業者から製造業者へのPB商品の製造委託等の契約が相当期間継続しておりまたは継続することが予定されている場合、継続的契約として契約の解消が制限される可能性がある。

　そのため、小売業者としては、契約解消の理由を踏まえて、状況に応じ、相当の期間を設けて契約解消の予告を行ったり、製造業者に対し一定の補償を行うなどの対応を検討すべき場面もあるだろう。

2　PB商品の発注者・受注者間の問題①
　　　──優越的地位の濫用

(1)　優越的地位の濫用の概要

Q14　近時、小売業者が納入業者に対し優越的地位の濫用を行ったとして、公正取引委員会に摘発される例が目立つと聞いています。優越的地位の濫用の概要を教えてください。

A　独占禁止法が禁止する優越的地位の濫用とは、自己の取引上の地位が相手方に優越していることを利用して、正常な商慣習に照らして不当に、取引の相手方に不利益となるようなさまざまな行為を行うことをいいます。

■1　優越的地位の濫用の禁止の趣旨

　事業者がどのような条件で取引するかは、基本的に、取引当事者間の自主的な判断に委ねられており、自由な交渉の結果、取引条件がいずれか一方の当事者にとって不利なものとなることは、当然に起こりうる。
　しかし、取引上強い立場にある一方の当事者が、取引の相手方に対し、強い立場にあるのをいいことに不当に不利益を与えることは、公正な競争をゆがめるおそれがあるため、優越的地位の濫用として独占禁止法により禁止されている。

■2　優越的地位の濫用とは

　優越的地位の濫用とは、以下の行為をいう。

「自己の取引上の地位が相手方に優越していることを利用して、正常な商慣習に照らして不当に、次のいずれかに該当する行為をすること。

　イ　継続して取引する相手方（新たに継続して取引しようとする相手方を含む。ロにおいて同じ。）に対して、当該取引に係る商品又は役務以外の商品又は役務を購入させること。

　ロ　継続して取引する相手方に対して、自己のために金銭、役務その他の経済上の利益を提供させること。

　ハ　取引の相手方からの取引に係る商品の受領を拒み、取引の相手方から取引に係る商品を受領した後当該商品を当該取引の相手方に引き取らせ、取引の相手方に対して取引の対価の支払を遅らせ、若しくはその額を減じ、その他取引の相手方に不利益となるように取引の条件を設定し、若しくは変更し、又は取引を実施すること」（独禁法2条9項5号）。

　すなわち、優越的地位の濫用の要件は、簡潔に述べれば、①取引の一方当事者の立場が他方と比べて優越していること（優越的地位）、②優越的地位を利用して取引の相手方に不利益な何らかの行為を行うこと（濫用行為）と整理することができる。そして、これらの要件に関する具体的な考え方は、公正取引委員会の平成22年11月30日付け「優越的地位の濫用に関する独占禁止法上の考え方」[1]（優越的地位の濫用ガイドライン）において整理されている。

■3　優越的地位の濫用に対する措置

　優越的地位の濫用は、公正取引委員会による排除措置命令および課徴金納付命令の対象となる。

　課徴金の額は、優越的地位の濫用行為を行っていた期間（最長3年間）における、違反行為の相手方との間の取引額（売上額または購入額）の1％とされている。「1％」という掛け率は、一見小さいように思えるが、優越的

---

[1] 〈http://www.jftc.go.jp/hourei.files/yuuetsutekichii.pdf〉

地位の濫用行為の対象になった商品・役務のみならず、濫用行為の相手方と取引するすべての商品・役務の取引額が対象となるため、課徴金額は巨額になる可能性がある。実際、これまでに、家電量販店が40億4796万円の課徴金納付命令を受けた事例[2]、スーパーマーケットが12億8713万円の課徴金納付命令を受けた事例がある[3]。

　また、公正取引委員会は、優越的地位の濫用行為を集中的に取り締まるため、平成21年に「優越的地位濫用事件タスクフォース」を設置した。その結果、排除措置命令や課徴金納付命令という法的措置には至らないものの、優越的地位の濫用に関し公正取引委員会から注意を受ける事例が、ここ数年で激増しており、公正取引委員会が平成24年度に行った優越的地位の濫用事案に対する注意数は、過去最高の57件となっている[4]。

2　〈http://www.jftc.go.jp/houdou/pressrelease/h24/feb/120216.html〉
3　〈http://www.jftc.go.jp/houdou/pressrelease/dksochi/h25/130703.html〉
4　「平成24年度　公正取引委員会年次報告」〈http://www.jftc.go.jp/info/nenpou/h24/index.html〉

第3章　PB商品の生産段階における法律問題

(2) PB商品の発注者と優越的地位

Q15 当社はコンビニエンス・ストアのチェーン展開を行っています。当社の店舗数は業界2位であり、当社チェーン店の年間売上高の合計は業界2位、小売業界全体でも5位となります。当社チェーン店は、お客様から高い信用を得ており、店舗数や売上高が毎年増加しています。当社は、継続的な取引関係にあるPB商品の納入業者に対し、優越的地位に立つのでしょうか。

A 貴社は、継続的な取引関係にあるPB商品の納入業者に対し、優越的地位に立つと考えられます。

■1　優越的地位の考え方

　優越的地位の濫用にいう「優越的地位」の有無は、取引の当事者間の相対的な力関係で判断される。そのため、それほど大きなシェアを有していない企業であっても、取引の相手方との相対的な関係において強い力をもっていれば、「優越的地位」にあると判断される場合がある。

　そして、取引の当事者間の相対的な強弱関係の判断においては、弱い側の当事者にとって、強い側の当事者との取引を継続することが経営上どれほど重要かという点がポイントとなる。つまり、強い側の当事者から取引を打ち切られると経営に重大な影響が及ぶ場合には、弱い側の当事者としては、強い側の当事者からいかに不合理・不利益なことを求められたとしても、取引を打ち切られないよう、その要求に応じざるをえないと考えられる。したがって、このような事情があれば、強い側の当事者は「優越的地位」に立つことになる。

この判断にあたっては、①乙（筆者注：弱い側の当事者）の甲（筆者注：強い側の当事者）に対する取引依存度、②甲の市場における地位、③乙にとっての取引先変更の可能性、④その他甲と取引することの必要性を示す具体的事実が総合的に考慮される（優越的地位の濫用ガイドライン第2　2）。
　上記①〜④の具体的内容は、以下のとおりである。
①　乙の甲に対する取引依存度
　　乙が、売上高全体のうち、どれだけの割合を甲に依存しているかということである。取引依存度が高ければ、乙は甲との取引を継続する必要性が高くなり、甲による不合理な要求を拒むことは難しくなる。
②　甲の市場における地位
　　甲が市場において大きなシェアを有する高順位の企業であれば、甲と取引することで大きな売上げを上げることが期待でき、取引を継続する必要性が高くなるため、甲による不合理な要求を拒むことは難しくなる。
③　乙にとっての取引先変更の可能性
　　乙が甲から他の取引先に乗り換えることが困難であれば、取引を継続する必要性が高くなり、甲による不合理な要求を拒むことは難しくなる。たとえば、乙が甲との取引に関連して多額の投資を行ったような場合には、取引先変更が困難であると判断される可能性がある。
④　その他甲と取引することの必要性を示す具体的事実
　　甲との取引額の大きさ、甲の成長可能性、甲の商品を扱っていることによる信用の確保、甲と乙との事業規模の相違などさまざまな事情が考慮される。

■2　本問における検討

　公正取引委員会は、本問と同様の事案において、要旨以下のとおり、コンビニエンス・ストア本部であるX社が、継続的な取引関係にある日用品納入業者の大部分に対し、優越的地位に立つと認定している（公取委勧告審決

平10・7・30（平成10年（勧）第18号））。

「X社は、全国的に店舗を展開し、それらの売上高が多く、日用品納入業者にとってきわめて有力な取引先であるとともに、日用品納入業者は、自己の販売する商品がチェーン店において取り扱われることにより当該商品に対する消費者の信用度が高まること等から、X社との納入取引の継続を強く望んでいる状況にある。このため、X社と継続的な取引関係にある日用品納入業者の大部分は、X社との納入取引を継続する上で、納入する商品の品質、納入価格等の取引条件とは別に、X社からの種々の要請に従わざるを得ない立場にある」。

(3) PB商品の発注者による濫用行為

Q16 当社は、大手スーパーマーケットX社からPB商品の製造を受託している製造業者です。当社は、X社との取引を打ち切られると経営が立ちいかないため、X社から協賛金の提供などを求められた場合、言われたとおりにするほかありません。X社の行為を公正取引委員会に申告したいのですが、どのような行為が濫用行為にあたるのでしょうか。

A 購入・利用強制、金銭・役務の提供強制、受領拒否、返品、支払遅延、減額、不利益な取引条件の設定等のさまざまな行為が濫用行為にあたります。

濫用行為には、弱い立場にある取引先に対し不利益を与えるさまざまな行為が含まれる。

典型的な濫用行為について述べると、以下のとおりである（優越的地位の濫用ガイドライン第4参照）。

① 購入・利用強制

　継続して取引する相手方に対して、その取引の対象となっている商品・役務以外の商品・役務を購入させること。たとえば、自社商品や宿泊券を購入させること。

② 協賛金等の負担の要請

　優越的地位にある事業者が、取引の相手方に対し、協賛金等の名目による金銭の負担を要請し、不当に不利益を与えること。たとえば、新規店舗の出店にあたり協賛金を負担させること。

③ 従業員等の派遣の要請

　優越的地位にある事業者が、取引の相手方に対し、従業員等の派遣を

要請し、不当に不利益を与えること。たとえば、店舗の改装にあたり取引先の従業員に手伝いをさせること。

④　受領拒否

優越的地位にある事業者が、取引の相手方から商品を購入する契約をした後において、正当な理由がないのに、当該商品の全部または一部の受領を拒み、不当に不利益を与えること。

⑤　返　品

優越的地位にある事業者が、取引の相手方に対し、受領した商品を返品し、不当に不利益を与えること。たとえば、商品が売れ残ったという理由で商品を返品すること。

⑥　支払遅延

優越的地位にある事業者が、正当な理由がないのに、契約で定めた支払期日に対価を支払わず、取引の相手方に不当に不利益を与えること。たとえば、自社の資金繰りの都合を理由に支払いを遅らせること。

⑦　減　額

優越的地位にある事業者が、商品・役務を購入した後において、正当な理由がないのに、契約で定めた対価を減額し、取引の相手方に不当に不利益を与えること。たとえば、セールの原資を確保するために仕入代金を減額すること。

⑧　取引の対価の一方的決定

優越的地位にある事業者が、取引の相手方に対し、一方的に、著しく低い対価での取引を要請し、不当に不利益を与えること。たとえば、まったく交渉に応じず一方的にきわめて安い金額で納入させること。

⑨　やり直しの要請

優越的地位にある事業者が、正当な理由がないのに、当該取引の相手方から商品を受領した後に、取引の相手方に対し、やり直しを要請し、不当に不利益を与えること。

なお、これらは典型例にすぎず、これ以外にも取引の相手方に不利益を与えるさまざまな行為が濫用行為にあたることに注意が必要である。
　対等な関係であれば応じないような条件を押しつけることは、幅広く濫用行為とされる可能性があると考えておくべきであろう。

第3章　PB商品の生産段階における法律問題

(4) 小売業者による優越的地位の濫用の摘発事例

Q17 小売業者の納入業者に対する行為が優越的地位の濫用にあたるとされた事例を教えてください。

A Xスーパーマーケットが、納入業者に対し優越的地位の濫用行為を行ったとして、公正取引委員会から排除措置命令および課徴金納付命令を受けた事例があります。

近年、スーパーマーケットや家電量販店などの大規模小売業者が、納入業者に対し、協賛金の提供や従業員等の派遣を要請したことが優越的地位の濫用にあたるとして、公正取引委員会から摘発される事例が目立っている。

■1　Xスーパーに対する件[1]

（公取委排除措置命令・課徴金納付命令平23・6・22（平成23年（措）第5号））

Xスーパーマーケットは、取引上の地位が自社に対して劣っている納入業者（以下、「特定納入業者」という）に対して、次の行為を行っていた。

① 新規開店等の際の従業員等の不当使用

　店舗における商品の移動、陳列、補充、接客等の作業を行わせるため、あらかじめ特定納入業者との間で従業員等の派遣の条件について合意することなく、かつ、派遣のために通常必要な費用を自社が負担することなく、特定納入業者の従業員等を派遣させていた。

② 新規開店・催事等の実施の際の協賛金の支払いの強要

　特定納入業者の納入する商品の販売促進効果等の利益がない、または

---

[1] 〈http://www.jftc.go.jp/houdou/pressrelease/h23/jun/110622marunaka.html〉なお、同事件は、本稿脱稿時点において審判係属中である。

当該利益を超える負担となるにもかかわらず、金銭を提供させていた。
③ 「見切り基準」を経過した商品の不当な返品
　自社が独自に定めた「見切り基準」と称する販売期限を経過した商品について、特定納入業者の責に帰すべき理由がないなどにもかかわらず、返品していた。
④ 割引販売を行うこととした商品の納入価格の不当な減額
　季節商品の販売時期の終了等に伴う商品の入替えを理由として割引販売を行うこととした商品について、特定納入業者の責に帰すべき事由がないにもかかわらず、当該商品の仕入価格に50％を乗じて得た額に相当する額を、当該特定納入業者に支払うべき代金の額から減じていた。
　全面改装に伴う在庫整理を理由として割引販売を行うこととした商品について、特定納入業者の責に帰すべき事由がないにもかかわらず、当該割引販売において割引した額に相当する額等を、当該特定納入業者に支払うべき代金の額から減じていた。
⑤ クリスマス関連商品の購入強制
　仕入担当者から、特定納入業者に対し、①懇親会において申込用紙を配布し最低購入数量を示したうえでその場で注文するよう指示する、②特定納入業者ごとに購入数量を示す方法により、クリスマス関連商品を購入させていた。

■ 2　実務上の留意点

　これまでに優越的地位の濫用で課徴金納付命令を受けた企業は、すべて大規模な小売業者である。また、これらの小売業者が行っていたとされる濫用行為は、おおよそＸスーパーマーケットに対する件と類似する内容である。
　これらの濫用行為は、小売業者と納入業者との取引の中で、日常的なビジネスの一環として行われているものであるため、実際に濫用行為を行っている現場担当者等にとっては、自分の行為が違法であるという意識をもつこと

が難しい面があると思われる。しかし、実際には、このような行為が億円単位・数十億円単位の課徴金を招くことにもなりかねないのである。

　そこで、小売業者・卸売業者においては、PB商品の製造委託先を含め、納入業者に対しこのような行為を行うことのないよう、店長や購買担当者に対する研修やマニュアルの配布等を通じて、優越的地位の濫用に関する知識を周知徹底することが不可欠であろう。

3 PB商品の発注者・受注者間の問題②
──下請法

(1) PB商品の発注と下請法

Q18 PB商品を取り扱う小売業者・卸売業者が下請法に違反したとして、公正取引委員会等に摘発される事例が目立っていると聞きます。下請法の概要を教えてください。また、PB商品の製造委託に関して公正取引委員会が勧告を行った事例を教えてください。

A 下請法は、独占禁止法の優越的地位の濫用を補完し、下請事業者の利益を守るために制定された法律です。近年、PB商品の製造委託に関し、小売業者・卸売業者が公正取引委員会から勧告を受ける事例が目立っています。例としては、X協同組合連合会が勧告を受けた件があげられます。

■1 下請法の概要

　独占禁止法は、取引上優越した地位にある事業者が、取引の相手方に対し、不当に不利益となるような行為を行うことを優越的地位の濫用として禁止している。

　しかし、優越的地位の濫用は、「優越的地位」「濫用」など要件が抽象的であり、これを適用するためには慎重な手続が必要となり、機動的かつ大量の処理を行うには適していない。

　そこで、独占禁止法の違反事件処理手続とは別の、より簡易で形式的な処理により下請事業者の利益を確保することができるよう、独占禁止法上の優

越的地位の濫用の補完立法としての下請法が制定された。

そのため、下請法は、個々の事案の妥当性よりも、むしろ、形式的・画一的な処理を重視する側面が強い。

取引上強い立場に立つ当事者が、弱い立場に立つ取引の相手方の利益を害する行為を行った場合、当該行為が優越的地位の濫用に該当するとともに、下請法にも違反する場合がある。つまり、優越的地位の濫用と下請法は、一部重なり合う関係にある。そして、ある事業者と別の事業者との取引において、優越的地位の濫用と下請法の双方が適用可能な場合には、通常、下請法を適用するものとされている[1]。

下請法の大きな特徴は、資本金に関する要件と委託内容に関する要件の双方を満たす取引に限って適用されるということである。他方、これらの要件から少しでも外れれば（たとえば資本金要件から1円でも外れれば）、下請法は一切適用されないことになる[2]。そのため、下請法遵守のための取組みにあたっては、まず、資本金要件と委託内容要件により、自社のどの取引が下請法適用対象となるかを正確に洗い出すことが重要である。

■2　PB商品の製造委託と下請法

下請法は、小売業者・卸売業者が、PB商品の製造を製造業者等に委託する取引にも適用される。

しかし、PB商品はここ数年から10年程度の間に、急速に普及しつつあるため、PB商品の製造委託に下請法が適用されるということが、PB商品を取り扱う小売業者・卸売業者の間で、いまだ十分に認知されていないと考えられる。

1　公正取引委員会「『優越的地位の濫用に関する独占禁止法上の考え方』（原案）に対する意見の概要とこれに対する考え方」1頁〈http://www.jftc.go.jp/houdou/pressrelease/h22/nov/10113001.files/10113001besshi2.pdf〉

2　ただし、優越的地位の濫用の適用対象になる可能性はあることに注意する必要がある。

そのためか、近年、PB商品の製造委託に関して、小売業者・卸売業者が公正取引委員会から下請法違反で勧告を受ける事例が大幅に増加している。平成24年度は勧告事案16件のうち11件、平成23年度は勧告事案18件のうち10件が、PB商品等の製造委託に関する事例である。

下請法といえば、典型的には、大手の完成品メーカーが中小の部品メーカーの不利益になるような行為を行う場合がイメージされるが、近年の摘発事例は、むしろPB商品を取り扱う小売業者・卸売業者に対するものが中心になっているといっても過言ではない。

そして、下請法違反に対する当局の勧告・指導は、いずれも増加傾向にある。平成23年度に公正取引委員会が行った勧告件数は、平成16年4月の改正下請法施行以来最多の18件であり[3]、平成24年度に公正取引委員会が行った注意件数は、過去最多の4550件であった[4]。

■3　公正取引委員会による勧告事例
―― X協同組合連合会に対する件 ――

公正取引委員会は、X協同組合連合会が以下の行為を行っていたとして、下請法に基づく勧告を行った[5]。

(1)　下請代金の減額

X共同組合連合会は、食料品等の製造を下請事業者に委託しているところ、以下のとおり、下請事業者に責任がないのに、下請事業者に支払うべき下請代金の額を減じていた。

---

[3]　「平成23年度における下請法等の運用状況及び企業間取引の公正化への取組」（公正取引委員会、平成24年5月30日）〈http://www.jftc.go.jp/houdou/pressrelease/h24/may/120530.html〉

[4]　「平成24年度における下請法の運用状況及び企業間取引の公正化への取組」（公正取引委員会、平成25年5月22日）〈http://www.jftc.go.jp/houdou/pressrelease/h25/may/130522.html〉

[5]　平成24年9月25日公正取引委員会勧告〈http://www.jftc.go.jp/shitauke/shitaukekankoku/sitaukekankoku24.files/120925.pdf〉

① X協同組合連合会の会員である協同組合等が商品の値下げ販売を行う際、当該協同組合等に対する納入価格を一時的に引き下げることに伴い、下請事業者に対し、「エリアバイイング」「全国条件販促企画条件」「新発売・リニューアル・追加供促企画条件」として金銭を負担するよう要請し、これに応じた下請事業者について、上記金額を下請代金から差し引くなどしていた。

② 下請事業者に対し、「仕入割戻し」として、金銭を負担するよう要請し、これに応じた下請事業者について、上記金額を下請代金から差し引くなどしていた。

③ 個々の会員からの発注数量を事前に下請事業者に連絡する場合があるところ、下請事業者に対し、「生産支援情報」として、会員に対する納入数量を記載した書面のファクシミリによる送信枚数に一定数を乗じて得た額を負担するよう要請し、これに応じた下請事業者について、上記金額を下請代金から差し引くなどしていた。

④ 自らが作成する販促物の作成費用を確保するため、下請事業者に対し、「販促ツール作成費用」として、一定額を負担するよう要請し、これに応じた下請事業者について、上記金額を下請代金から差し引くなどしていた。

⑤ 会員が実施する店舗間の売上高を競うコンテストの賞品費用を確保するため、下請事業者に対し、「販促コンテスト協賛費用」として一定額を負担するよう要請し、これに応じた下請事業者について、上記金額を下請代金から差し引いていた。

(2) 返 品

X協同組合連合会は、下請事業者の給付を受領した後、下請事業者に責任がないのに、会員による販売期間が終了した際の在庫商品を下請事業者に引き取らせていた。なお、X協同組合連合会は、返品した商品について、原則、次の販売期間開始時に再納品させることを条件としていた。

(3) 不当な経済上の利益の提供要請

X協同組合連合会は、自らの商品開発のために実施するテストの費用を確保するため、下請事業者に対し、「商品の組合員テスト費用」として、一定額を負担するよう要請し、これに応じた下請事業者について、上記金額を提供させることにより、下請事業者の利益を不当に害していた。

また、公正取引委員会は、X協同組合連合会が、食料品等の製造を下請事業者に委託しているところ、一部の商品を除き、毎月20日納品締切、締切後40日から120日後にそれぞれ下請代金を支払う支払制度をとっていたため、下請事業者に対し、支払遅延が生じていたとして、指導を行った。

(4) X協同組合連合会のとった措置

X協同組合連合会は、公正取引委員会の指摘を踏まえ、以下の措置をとった。

① 下請事業者に対し、減額した金額を返還した（合計25億6331万7863円）。

② 下請事業者に返品した物について、再び引き取ることができる物を再び引き取り、再び引き取ることができない物も含めて下請代金相当額を支払った（合計484万4920円）。

③ 下請事業者に対し、提供させた金額を返還した（合計262万1889円）。

④ 支払遅延を解消し、下請法に基づく遅延利息を支払った（合計13億2334万9755円）。

■4 実務上の留意点

X協同組合連合会は、公正取引委員会から勧告・指導を受け、25億円以上にも上る減額分の下請代金を下請事業者に返還し、さらに13億円以上にも上る遅延利息を下請事業者に支払うこととなった。

X協同組合連合会が行ったとされる行為は、大規模な小売業者・卸売業者の業界では珍しいものではないと思われる。しかし、業界の長年の慣行自体が、下請法違反と指摘される可能性があることに留意しなければならない。

PB商品を取り扱う小売業者・卸売業者は、下請法を遵守するため、業界の慣行自体を見直さなければならない場面もあり、「業界の慣行だから問題ない」と安易に判断することは禁物である。

(2) 下請法の適用要件

Q19 当社は資本金額5億円の食品スーパーマーケットです。取扱商品には、NB商品とPB商品の両方があります。また、商品の納入業者には、当社を上回る規模の大企業から中小企業まで、さまざまな業者があります。すべての納入業者との間における、すべての商品仕入取引に下請法が適用されるのでしょうか。

A いいえ。下請法が定める資本金要件と委託内容要件の両方を満たす取引に限り、下請法が適用されます。

■1 資本金要件と委託内容要件

　下請法は、適用対象を明確に規定し、違反行為の類型を具体的に法定し、さらに独占禁止法よりも簡易な事件処理手続を定めることにより、公正取引委員会および中小企業庁が多数の案件を迅速かつ効果的に取り締まれるようにし、下請事業者の利益を保護している。

　そのため、下請法が適用される取引は、①資本金に関する要件（以下、「資本金要件」という）、②委託内容に関する要件（以下、「委託内容要件」という）の双方を満たす取引に限定されている。

　資本金要件は、親事業者と下請事業者それぞれの資本金額の関係を定める要件である。委託内容に関しては、製造委託、修理委託、情報成果物作成委託、役務提供委託の4つが規定されており、このいずれかに該当する場合に、委託内容要件を満たすことになる。

　資本金要件および委託内容要件を満たした結果、下請法の規制対象となる事業者（発注者）を「親事業者」といい、下請法により守られる事業者（受

注者）を「下請事業者」という。

　そして、親事業者には、4つの義務と11の禁止事項という、相当に細かく煩雑な規制が課される。他方、たとえば資本金要件が規定する資本金額を1円でも外れるなど、資本金要件または委託内容要件を満たさない場合には、当該取引には下請法は一切適用されないことになる。

■2　商社が介在する場合における下請法の適用

　PB商品の開発・製造にあたっては、さまざまな形で商社が関与することが考えられる。PB商品の製造を委託する小売業者・卸売業者と製造業者との取引に、商社が関与する場合は、商社の関与の程度により、どの会社間で下請法が適用されるかが分かれることになる（公正取引委員会＝中小企業庁「下請取引適正化推進講習会テキスト」平成25年11月版16頁）。

(1)　商社が製造委託等の内容に関与しない場合

　商社が、PB商品を発注する小売業者・卸売業者と製造業者との間に入って取引を行うが、製造委託等の内容（製品仕様、下請事業者の選定、下請代金の額の決定等）にまったく関与せず、事務手続の代行（注文書の取次、下請代金の請求、支払い等）を行っているにすぎないような場合があり得る。

　このような場合には、商社は下請法上の親事業者・下請事業者とならず、発注者である小売業者・卸売業者を親事業者、製造業者を下請事業者として、両者の間で下請法の適用が論じられることになる。そのため、小売業者・卸売業者としては、商社が下請法に対応した発注書を交付しているか否かなど、商社と製造業者との取引状況を確認し、下請法上の問題が起こらないよう指導する必要がある。

(2)　商社が製造委託等の内容に関与する場合

　小売業者・卸売業者と商社がPB商品を共同開発するなど、商社が製造委

1　ただし、独占禁止法上の優越的地位の濫用が適用される可能性はある。
2　〈http://www.jftc.go.jp/houdou/panfu.files/H25textbook.pdf〉

託等の内容に関与している場合があり得る。

　このような場合には、発注者が商社に対して製造委託等を行い、さらに商社が製造業者に対して製造委託等を行っていると考え、小売業者・卸売業者と商社との間と、商社と製造業者との間のそれぞれについて、下請法の適用が論じられることになる。

第3章 PB商品の生産段階における法律問題

(3) 資本金要件

Q20 当社は資本金5億円のホームセンターです。資本金3億円のメーカーにPB商品の製造を委託する場合、下請法は適用されますか。

A 適用されます。貴社が、資本金3億円以下の法人事業者・個人事業者にPB商品の製造を委託する場合には、下請法が適用されることになります。

　下請法は、親事業者と下請事業者のそれぞれの資本金が、下請法の定める一定の条件を満たす場合に限り、適用される。その条件は、親事業者が委託する内容により、〔図表1〕および〔図表2〕の2つのパターンに分かれている。そして、各パターンは、それぞれ、親事業者の資本金額が大きいパターンと小さいパターンに分けられている。

　小売業者・卸売業者がPB商品の製造を製造業者に委託するという典型的な場面では、「製造委託」に該当するため、パターン①（〔図表1〕参照）により判断されることとなる。

　注意を要するのは、たとえば、製造委託のうち資本金額が大きいパターンの場合、親事業者の資本金額は3億円「超」とされているのに対し、下請事業者の資本金額は3億円「以下」とされていることである。3億円「超」には3億円ちょうどが含まれないが、3億円「以下」には3億円ちょうどが含まれることになる。

　資本金要件に該当するか否かは、親事業者および下請事業者それぞれの資本金額により、きわめて形式的に判断される。

3 (3) 資本金要件／Q20

〔図表 1〕 資本金区分のパターン①（製造委託等）
○委託内容
　・製造委託
　・修理委託
　・プログラムの作成委託
　・運送、物品の倉庫保管、情報処理に係る役務提供委託

親事業者	→	下請事業者
資本金3億円超の法人事業者		資本金3億円以下の法人事業者（又は個人事業者）
親事業者	→	下請事業者
資本金1000万円超3億円以下の法人事業者		資本金1000万円以下の法人事業者（又は個人事業者）

参考：下請講習会テキスト4頁

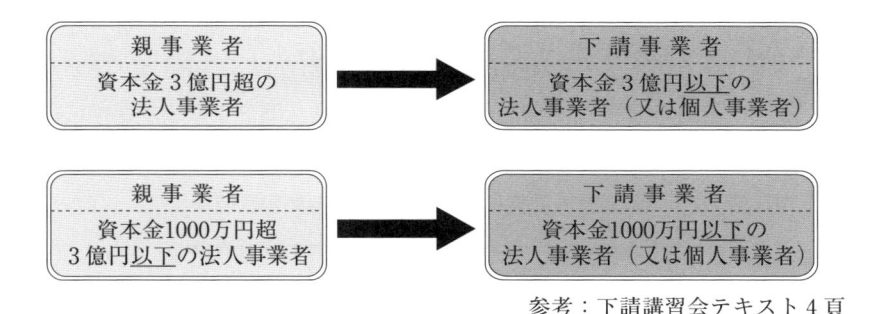

〔図表 2〕 資本金区分のパターン②（情報成果物作成委託等）
○委託内容
　・情報成果物作成委託（前記のものを除く）
　・役務提供委託（前記のものを除く）

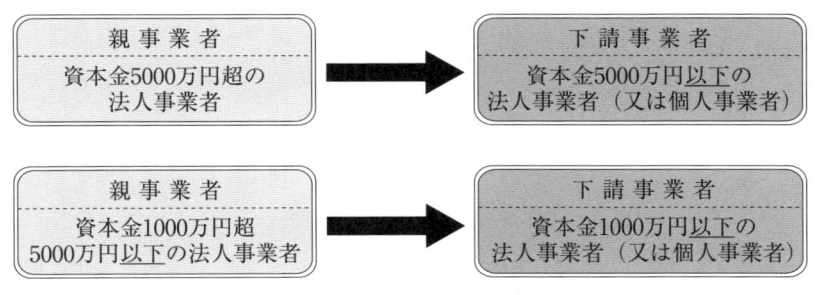

親事業者	→	下請事業者
資本金5000万円超の法人事業者		資本金5000万円以下の法人事業者（又は個人事業者）
親事業者	→	下請事業者
資本金1000万円超5000万円以下の法人事業者		資本金1000万円以下の法人事業者（又は個人事業者）

参考：下請講習会テキスト4頁

(4) PB商品の製造委託等とは

Q21 当社は大規模小売店です。NB商品とPB商品の両方を扱っていますが、どのような内容の取引に、下請法が適用されるのでしょうか。

A 下請法上の製造委託に該当するか否かは、「PB」か「NB」かという区別ではなく、製造委託の要件を満たす取引か否かにより区別されます。また、PB商品に関する取引が、修理委託、情報成果物作成委託、役務提供委託に該当する場合もあります。

■1 製造委託

　製造委託とは、事業者が他の事業者に物品の規格・品質・性能・形状・デザイン・ブランドなどを指定して製造（加工を含む）を委託することをいう（下請法2条1項、下請講習会テキスト5頁）。

　上記にいう「事業者」は、製造業者に限られず、百貨店、スーパーマーケット、ドラッグストア、家電量販店その他の小売業者や卸売業者も含まれる。また、製造設備をもっているか、自社でも商品の製造を行っているか否かは問われないため、PB商品の製造をまったく行わない小売業者や卸売業者であっても、下請法の対象事業者となり得る。また、上記にいう「物品」には、半製品、部品、附属品、原材料およびこれらの製造に用いる金型も含まれる。

　小売業者・卸売業者が、製造業者と共同で、NB商品とは異なるPB商品を新たに開発し、その製造を製造業者に委託する場合は、製造委託に該当し、資本金要件を満たす限り下請法が適用される。

　他方、小売業者・卸売業者が、製造業者から、純粋なカタログ品・規格品・標準品といったNB商品を仕入れることは、原則として製造委託の対象

とはならない。

　しかし、規格品・標準品であっても、親事業者が仕様等を指定して下請事業者にその製造を委託すれば製造委託に該当する（下請講習会テキスト17頁）。

　たとえば、食品スーパーマーケットＡ社が、製造業者Ｂ社に対し、Ｂ社のＮＢ商品である「インディアンカレー」をベースとして以下のように仕様等を指定し、Ａ社店舗向けのカレーの製造を委託する場合は、製造委託に該当し、資本金要件を満たす限り下請法が適用される。

① 「インディアンカレー」をベースに、Ａ社とＢ社が食材や味を共同で選定・開発する場合。
② 中身は「インディアンカレー」と同じだが、Ａ社専用の「ベター・バリューカレー」というパッケージに入れさせる場合。
③ 「インディアンカレー」のパッケージに、Ａ社のロゴ・社名を印刷させる場合。
④ 中身やパッケージは同様だが、Ａ社専用の「大盛りインディアンカレー」を製造させる場合。

　なお、ＰＢ商品の製造委託に関する契約の名称としては、「製造委託契約」「ＯＥＭ契約」「商品売買契約」などさまざまなものが考えられるが、契約の名称を問わず、その内容が上記に該当する限り、製造委託に該当することとなる。

　製造委託には、以下の４つの類型がある（下請講習会テキスト６頁～７頁）。

類型１　物品の販売を業として行っている事業者が、その物品の製造を他の事業者に委託する場合

類型２　物品の製造を業として請け負っている事業者が、その物品の製造を他の事業者に委託する場合

類型３　物品の修理を業として行っている事業者が、その物品の修理に必要な部品または原材料の製造を他の事業者に委託する場合

> 類型4　自ら使用または消費する物品の製造を業として行っている事業者が、その物品の製造を他の事業者に委託する場合

　小売業者・卸売業者がPB商品の製造を製造業者に委託する場合は、物品の販売を業として行っている小売業者・卸売業者が、販売するための物品の製造を他の事業者（製造業者）に委託していることになるため、通常は類型1に該当する。

■2　修理委託

　修理委託とは、「事業者が業として請け負う物品の修理の行為の全部又は一部を他の事業者に委託すること及び事業者がその使用する物品の修理を業として行う場合にその修理の行為の一部を他の事業者に委託すること」をいう（下請法2条2項）。

　「業として」とは、事業者が、ある行為を反復継続的に行っており、社会通念上、事業の遂行とみることができる場合を指す。したがって、たとえば、小売業者が、消費者に販売したPBの自転車の修理を日常的に受け付けているような場合は、「業として」に該当する。

　修理委託には、以下の2類型がある（下請講習会テキスト8頁～9頁）。

> 類型1　物品の修理を業として請け負っている事業者が、その物品の修理行為の全部または一部を他の事業者に委託する場合
> 類型2　自ら使用する物品の修理を業として行っている事業者が、その物品の修理行為の一部を他の事業者に委託する場合

　前記の例は、PBの自転車の修理を業として請け負う小売業者が、その物品の修理行為の全部を他の事業者に委託するものであり、類型1に該当する。

■3　情報成果物作成委託

　情報成果物作成委託とは、ソフトウェア、映像コンテンツ、各種デザインなどの情報成果物の提供（作成を含む）を行う事業者が、他の事業者にその作成作業を委託することをいう（下請法2条3項、下請講習会テキスト9頁）。
　情報成果物には、以下①～③が幅広く含まれる（下請講習会テキスト10頁）。
① プログラム
　　ゲームソフト、会計ソフト、家電製品の制御プログラム、顧客管理システム等
② 映画、放送番組その他映像または音声その他の音響により構成されるもの
　　テレビ番組、テレビCM、ラジオ番組、映画、アニメーション
③ 文字、図形もしくは記号もしくはこれらの結合またはこれらと色彩との結合により構成されるもの
　　設計図、ポスターのデザイン、商品・容器のデザイン、コンサルティングレポート、雑誌広告

「提供」とは、事業者が、他者に対し情報成果物の販売、使用許諾を行うなどの方法により、当該情報成果物を他者の用に供することをいい、以下①～③の場合が広く含まれる（下請講習会テキスト10頁）。
① 物品等の附属品として提供される場合
　　家電製品の取扱説明書の内容、CDのライナーノーツ
② 制御プログラムとして物品に内蔵される場合
　　家電製品の制御プログラム
③ 商品の形態、容器、包装等に使用するデザインや商品の設計などを商品に化体して提供する場合
　　ペットボトルの形のデザイン、半導体の設計図

情報成果物作成委託には、以下の3類型がある（下請講習会テキスト10頁

〜12頁)。

> 類型1　情報成果物を業として提供している事業者が、その情報成果物の作成の行為の全部または一部を他の事業者に委託する場合
> 類型2　情報成果物の作成を業として請け負っている事業者が、その情報成果物の作成の行為の全部または一部をほかの事業者に委託する場合
> 類型3　自ら使用する情報成果物の作成を業として行っている場合に、その情報成果物の作成の行為の全部または一部をほかの事業者に委託する場合

　たとえば、PB商品を販売する百貨店が、当該商品のデザインをデザイン会社に委託する場合は、デザインという情報成果物をPB商品に化体して提供する事業者（百貨店）が、その情報成果物の作成の行為の全部を他の事業者（デザイン会社）に委託するものであり、類型1に該当する。

■4　役務提供委託

　役務提供委託とは、運送、メンテナンス等の各種サービスの提供を行う事業者が、それらのサービスの提供を他の事業者に委託することをいう（下請講習会テキスト13頁）。
　役務提供委託の対象になるのは、委託事業者が他者に提供する役務のみであり、自ら利用する役務は含まれない。たとえば、PB商品を製造する製造業者が自社工場の清掃作業の一部を清掃業者に委託することは、委託者自ら利用する役務であり、役務提供委託の対象にはならないと考えられる。
　なお、純粋に無償で提供される役務は、役務提供委託の対象とならない。しかし、提供するメンテナンス等のサービス自体は無料であったとしても、販売する商品に付随して提供されるサービスである限り、純粋に無償の提供

とはいえないため、役務提供委託の対象となる。

　役務提供委託は、以下の1類型のみである（下請講習会テキスト13頁）。

> 類型　役務の提供を業として行っている事業者が、その提供の行為の全部または一部を他の事業者に委託する場合

　たとえば、PBの電化製品を販売する家電量販店が、消費者に販売した当該電化製品のメンテナンスを専門業者に委託する場合は、PBの電化製品のメンテナンスという役務を業として行っている事業者が、その提供の行為の全部を他の事業者に委託することとなり、上記類型に該当する。

(5) 親事業者の義務と禁止事項

Q22 下請法が適用される親事業者は、どのような規制を受けるのでしょうか。また、下請法に違反すると、どのような措置を受けるのでしょうか。

A 親事業者には4つの義務が課され、11の禁止事項が定められています。下請法に違反する行為は、違反の内容により、罰則や公正取引委員会による勧告の対象となります。

■1　親事業者の4つの義務と11の禁止事項

資本金要件および委託内容要件を満たし、下請法が適用される場合、親事業者には、以下のとおり、4つの義務が課されるとともに、11の禁止事項が適用される（下請法2条の2・3条・4条・4条の2・5条）。

〈4つの義務〉

① 書面（発注書）の交付義務（下請法3条）→本章 Q23
② 書類の作成・保存義務（下請法5条）→本章 Q24
③ 下請代金の支払期日を定める義務（下請法2条の2）→本章 Q25
④ 遅延利息の支払義務（下請法4条の2）→本章 Q25

〈11の禁止事項〉

1 受領拒否の禁止（下請法4条1項1号）→本章 Q26
2 下請代金の支払遅延の禁止（下請法4条1項2号）→本章 Q27
3 下請代金の減額の禁止（下請法4条1項3号）→本章 Q28
4 返品の禁止（下請法4条1項4号）→本章 Q29
5 買いたたきの禁止（下請法4条1項5号）→本章 Q30
6 購入・利用強制の禁止（下請法4条1項6号）→本章 Q31

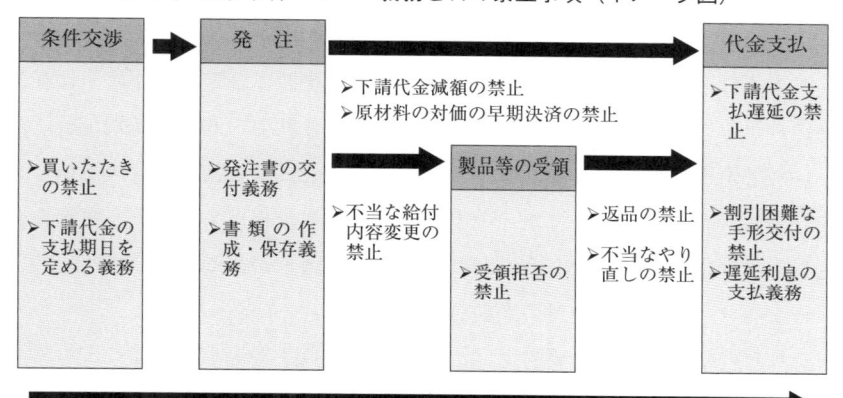

〔図表〕親事業者の4つの義務と11の禁止事項（イメージ図）

条件交渉	発注		製品等の受領		代金支払
		➢下請代金減額の禁止 ➢原材料の対価の早期決済の禁止			➢下請代金支払遅延の禁止
➢買いたたきの禁止 ➢下請代金の支払期日を定める義務	➢発注書の交付義務 ➢書類の作成・保存義務	➢不当な給付内容変更の禁止	➢受領拒否の禁止	➢返品の禁止 ➢不当なやり直しの禁止	➢割引困難な手形交付の禁止 ➢遅延利息の支払義務

➢購入・利用強制の禁止
➢不当な経済上の利益の提供要請の禁止
➢報復措置の禁止

⑦ 報復措置の禁止（下請法4条1項7号）→本章Q34■3
⑧ 有償支給原材料等の対価の早期決済の禁止（下請法4条2項1号）→本章Q34■1
⑨ 割引困難な手形の交付の禁止（下請法4条2項2号）→本章Q34■2
⑩ 不当な経済上の利益の提供要請の禁止（下請法4条2項3号）→本章Q32
⑪ 不当な給付内容の変更・不当なやり直しの禁止（下請法4条2項4号）→本章Q33

これらの義務と禁止事項を時系列で大まかに整理すると、〔図表〕のようになる。すなわち、親事業者は、発注の条件交渉から代金支払いまでの各段階において、下請法上さまざまな規制を受け、また、取引と直接関係ない部分においても規制を受けることとなる。

■2　下請法違反に対する措置

　下請法に違反する行為のうち、書面の交付義務および書類の作成・保存義務に対する違反は、50万円以下の罰金の対象とされている（下請法10条）。

　11の禁止事項に対する違反は、公正取引委員会による勧告措置の対象とされている（下請法7条）。また、中小企業庁が勧告に相当する重大な事案を発見した場合には、公正取引委員会に対する措置請求が行われ（下請法6条）、これを受けた公正取引委員会が勧告を行う。

　これらの措置に加え、実務上は、公正取引委員会や中小企業庁による指導が活用されている。

(6) 書面（発注書）の交付義務

Q23 当社が行っている PB 商品の製造委託について、下請法が適用される場合、当社はどのような発注書等を交付すればよいのでしょうか。

A 貴社は、下請事業者に対し、発注の都度直ちに、下請法3条および公正取引委員会規則に沿った発注書等を交付しなければなりません。

■1 「3条書面」

　親事業者は、下請事業者に対し製造委託等をした場合は、直ちに、公正取引委員会規則所定の事項を記載した書面（以下、「3条書面」という）を下請事業者に交付しなければならない（下請法3条）。

　製造委託等の発注が口頭でなされると、発注内容や支払条件が不明確になり、「言った」「言わない」といったトラブルが生じやすくなる。しかも、トラブルになった場合は、取引上の立場が弱い下請事業者のほうが不利益を受けがちである。

　そこで、下請法は、親事業者から下請事業者に対し、発注内容を明確に記載した書面を発注の都度交付させるようにし、下請取引におけるトラブルを未然に防止しようとしたものと考えられる。

　書面の交付義務（下請法3条）違反は、下請法違反の類型の中でも、公正取引委員会による指導件数が群を抜いて多い。相当細部にわたる規制であるため、PB 商品を扱う小売業者・卸売業者においては、弁護士等の専門家が監修した発注書のひな形を用いるなど、細心の注意をする必要がある。

■ 2　3条書面の記載事項

3条書面には、以下の事項をすべて記載しなければならない（下請代金支払遅延等防止法第3条の書面の記載事項等に関する規則（下請法3条規則）1条、下請講習会テキスト23頁〜24頁）。

① 親事業者および下請事業者の商号等
  ＊事業者別に付された番号や記号により親事業者・下請事業者を識別できる場合は、そのような番号・記号を用いることも可能。
② 製造委託等をした日
③ 下請事業者の給付の内容
④ 下請事業者の給付を受領する期日
⑤ 下請事業者の給付を受領する場所
⑥ 受入検査をする場合は、その検査を完了する期日
⑦ 下請代金の額
⑧ 下請代金の支払期日
⑨ 手形を交付する場合は、手形の金額および満期
⑩ 一括決済方式で支払う場合は、これに関する所定の事項
⑪ 電子記録債権で支払う場合は、これに関する所定の事項
⑫ 原材料等を有償支給する場合は、品名、数量、対価、引渡しの期日、決済期日および方法

■ 3　給付の内容の記載

3条書面に記載する「下請事業者の給付の内容」については、下請事業者が提供すべき物品等の品目、品種、数量、規格、仕様等が下請事業者にわかるよう、明確に記載する必要がある（下請講習会テキスト24頁）。

どこまで記載すれば「下請事業者の給付の内容」を記載したといえるかは、具体的な基準がなくケース・バイ・ケースであるが、一般的には、「鉛筆100

ダース」「カレー100箱」という程度では足りず、PB商品の商品名や品番を特定したり、さらに仕様書の番号とひもづけたりするなどの工夫が必要になると考えられる。

■4　基本契約書の利用

　発注書は発注の都度交付する必要があるが、基本契約書等と併用することも認められている。

　そこで、支払条件などの基本的事項は基本契約書で定めたり、支払条件通知書等により一括して通知したりし、発注書には個別の発注に関する事項のみを記載することも可能である。この場合、基本契約書等と個別の契約書を合わせて、3条書面にあたると考えることになる。

　ただし、この場合には、個々の発注書に、基本契約書や支払条件通知書等との関連性を明記し、これらをひもづけておく必要がある。具体的には、個々の発注書にたとえば以下のように記載することが考えられる。

【発注書における記載例】

・支払条件は〇年〇月〇日付け『取引基本契約書』記載のとおり。
・支払条件は〇年〇月〇日付け『支払条件通知書』による。

■5　下請代金を算定方法で決める場合

　3条書面には、原則として下請代金の具体的な金額を記載しなければならないが、具体的な金額を記載することが困難なやむをえない事由がある場合は、算定方法によって下請代金の額を記載することができる（下請講習会テキスト24頁）。ただし、3条書面に記載される算定方法は、下請代金の具体的な金額を自動的に確定するものでなければならない。

　また、発注書とは異なる書類で下請代金の算定方法を定めている場合には、

発注書において、これらの書面の相互の関連性を明らかにし、ひもづけておく必要がある。

さらに、下請代金の具体的な金額を確定した後、速やかに下請事業者へ書面にて交付しておく必要がある。

■6 当初書面と補充書面

3条書面の必要記載事項のうち、その内容が定められないことにつき正当な理由がある事項については、当該事項を記載しないまま、それ以外の必要記載事項を記載した書面（以下、「当初書面」という）を下請事業者に交付することが認められる（下請講習会テキスト26頁）。この場合、当初書面には、その必要記載事項の内容が定められない理由と、内容を定めることとなる予定期日を記載しなければならない。

ただし、記載しなかった事項の内容が定まった後直ちに、その事項について記載した書面（以下、「補充書面」という）を交付することが必要となる。この場合には、当初書面と補充書面の相互の関連性を明らかにしておく必要がある。たとえば、当初書面と補充書面で同じ注文番号を用いたり、補充書面に「本文書は〇年〇月〇日付け発注書の内容を補充するものである」などと記載したりすることが考えられる。

3条書面の記載事項を定めることができない「正当な理由」が認められるのは、取引の性質上、委託した時点では具体的な必要記載事項の内容を定めることができないと客観的に認められる場合であるとされている（下請講習会テキスト26頁）。

PB商品の製造委託に関して、具体的には以下のとおりであると考えられる。

① 「正当な理由」が認められる場合

　小売業者・卸売業者がPB商品の仕様の概略のみを示して製造を委託し、製造業者が詳細な開発を行って具体的な仕様を決定していく場合

② 「正当な理由」が認められない場合
　ⓐ　PB商品の販売価格が決定していないことを理由とする場合
　ⓑ　小売業者・卸売業者の多忙を理由とする場合
　ⓒ　製造業者が了承していることを理由とする場合

■7　電子メール等による発注

　下請法3条は、親事業者が下請事業者に対し製造委託等をした場合、所定の事項を記載した「書面を交付」しなければならないと規定しているが、電子メールやEDI等の電磁的方法による発注では、「書面を交付」したことにはならない。

　もっとも、以下の条件を満たす限り、下請事業者の承諾を得て、書面に記載すべき事項を電磁的方法で提供することが可能である（下請法3条2項）。

①　下請事業者の承諾
　　あらかじめ、下請事業者に対し、使用する電磁的方法の種類および内容を示して、書面または電磁的方法による承諾を得ること（下請法施行令2条1項、下請法3条規則3条）。

②　以下ⓐ～ⓒの電磁的方法によること
　　3条書面の交付に代えることのできる電磁的方法は以下のとおりであり、いずれの方法を用いる場合も、下請事業者が電磁的記録を出力して書面を作成できることが必要となる（下請法3条規則2条）。
　ⓐ　電気通信回線を通じて送信し、下請事業者の使用に係る電子計算機に備えられたファイルに記録する方法（電子メール、EDI等）
　ⓑ　電気通信回線を通じて下請事業者の閲覧に供し、当該下請事業者のファイルに記録する方法（ウェブの利用等）
　ⓒ　下請事業者に磁気ディスク、CD-ROM等を交付する方法

　電子メールやEDIによる発注は、実務上は広く行われていると考えられるが、下請法上は、上記のとおり、一定の条件を満たす場合にのみ認められ

第3章 PB商品の生産段階における法律問題

る例外的な方法とされているため、注意が必要である。

　なお、ウェブのホームページを閲覧させる場合は、下請事業者がブラウザ等で閲覧しただけでは、下請事業者のファイルに記録したことにはならず、下請事業者が閲覧した事項について、別途、電子メールで送信するか、ホームページにダウンロード機能をもたせるなどして下請事業者のファイルに記録できるような方法等の対応が必要となる（公正取引委員会「下請取引における電磁的記録の提供に関する留意事項」第1　2(2)）。

(7) 書類の作成・保存義務

Q24 当社が行っているPB商品の製造委託について、下請法が適用される場合、当社は、どのような書類を作成し、保存しておく必要がありますか。

A 貴社は、下請法5条および公正取引委員会規則に沿った書類を作成し、2年間保存しなければなりません。

■1 「5条書類」

親事業者は、下請事業者に対し製造委託等をした場合、給付の内容、下請代金の支払い等について記載した書類（以下、「5条書類」という）を作成し、2年間保存しなければならない（下請法5条、下請代金支払遅延等防止法第5条の書類又は電磁的記録の作成及び保存に関する規則（下請法5条規則）、下請講習会テキスト32頁～33頁）。

これは、親事業者に下請取引の内容について記載した書類を作成・保存させることにより、下請取引に関するトラブルを未然に防止するとともに、当局の検査の迅速さ、正確さを確保するために設けられたものと考えられる。

■2 5条書類の記載事項

5条書類には、以下の事項をすべて記載しなければならない（下請法5条規則1条）

① 下請事業者の名称（番号や記号による記載も可能）
② 製造委託等をした日
③ 下請事業者の給付の内容
④ 下請事業者の給付を受領する期日

⑤　下請事業者から受領した給付の内容および給付を受領した日

⑥　受入検査をした場合は、検査を完了した日、検査の結果および検査に合格しなかった給付の取扱い

⑦　下請事業者の給付の内容について、変更またはやり直しをさせた場合は、内容および理由

⑧　下請代金の額

⑨　下請代金の支払期日

⑩　下請代金の額に変更があった場合は、増減額および理由

⑪　支払った下請代金の額、支払った日および支払手段

⑫　手形を交付した場合は、手形の金額、手形を交付した日および手形の満期

⑬　一括決済方式で支払うこととした場合は、これに関する所定の事項

⑭　電子記録債権で支払うこととした場合は、これに関する所定の事項

⑮　原材料等を有償支給した場合は、その品名、数量、対価、引渡しの日、決済をした日および決済方法

⑯　下請代金の一部を支払い、または原材料等の対価を控除した場合は、その後の下請代金の残額

⑰　遅延利息を支払った場合は、遅延利息の額および遅延利息を支払った日

なお、5条書類は、1つの書類に取りまとめる必要はなく、相互の関係を明らかにしたうえで、複数の書類をあわせて必要記載事項のすべてを網羅する形でもよいとされている。したがって、発注内容、下請代金の額、納期等が記載された発注書等（3条書面）の写しを5条書類の一部とし、それでは足りない部分を別途の書類で補うという対応が可能である。

■3　電子データによる保存

5条書類を電子データ（電磁的記録）で作成・保存する場合には、公正取

引委員会等の検査の便宜のため、以下の要件をすべて満たす必要があるとされている（下請法5条規則2条3項）。

① 記録事項について訂正または削除を行った場合には、これらの事実および内容を確認できること。
② 必要に応じて電磁的記録をディスプレイの画面および書面に出力することができること。
③ 下請事業者の名称等や範囲指定した発注日により、電磁的記録の記録事項の検索をすることができる機能を有していること。

(8) 下請代金の支払期日を定める義務・遅延利息の支払義務

Q25 当社は、大手小売業者からPB商品の製造委託を受けている製造業者です。納品から3か月たっても、製造代金を支払ってもらえないのですが、下請法が適用される場合、下請代金の支払期日はどのように定める必要があるのでしょうか。また、支払期日に下請代金を支払わないと、どのようになりますか。

A PB商品の製造を委託する親事業者は、PB商品を受領した日から起算して60日以内のできる限り短い期間内で、下請代金の支払期日を定める義務を負います。支払期日までに下請代金を支払わなかった場合、親事業者は年14.6%の遅延利息を支払う義務を負います。

■1　下請代金の支払期日を定める義務

親事業者は、受入検査をするか否かを問わず、親事業者が下請事業者の給付を受領した日から起算して60日以内のできる限り短い期間内で、下請代金の支払期日を定めなければならない（下請法2条の2第1項）。

これは、親事業者が、取引上の力関係を利用して、下請代金の支払期日を不当に遅く設定することを防止し、下請事業者の利益を保護するための規定と考えられる。

「受領」とは、原則として、小売業者・卸売業者が製造業者の製造したPB商品等を事実上自己の支配下におくことをいい、受入検査を終えているか否かは問わない。いわゆる「検収」とは異なる概念であることに注意する必要がある。

■2 下請代金の支払期日の決まり方

下請法上、下請代金の支払期日に関する親事業者・下請事業者間の合意の内容と、下請代金の支払期日の関係は、以下のようになる（下請法2条の2）。

	小売業者・卸売業者と製造業者の契約内容	下請代金の支払期日
①	PB商品を受領した日から起算して60日以内の支払期日を合意した場合	合意したとおりの期日
②	PB商品を受領した日から起算して60日を超える支払期日を合意した場合	PB商品を受領した日から起算して60日を経過した日の前日
③	当事者間で支払期日を定めなかったとき	PB商品を受領した日

■3 支払期日までに下請代金を支払わなかった場合

親事業者は、PB商品を受領した日から起算して60日以内に定めた支払期日までに下請代金を支払わなかったときは、下請代金の支払遅延として下請法違反になる。

また、支払いを怠った親事業者は、下請事業者に対し、PB商品を受領した日から起算して60日を経過した日から実際に支払いをする日までの期間について、その日数に応じ、未払金額に年率14.6％を乗じた額の遅延利息を支払わなければならない（下請法4条の2、公正取引委員会「下請代金支払遅延等防止法第4条の2の規定による遅延利息の率を定める規則」）。

前記本章Q18のX協同組合連合会の件では、同連合会が公正取引委員会の指摘を踏まえて支払った遅延利息が合計13億2334万9755円にも及んでおり、遅延利息がきわめて高額になるおそれもある。PB商品を扱う小売業者・卸売業者は、下請代金の支払いが遅れることのないよう、万全の対応が必要である。なお、下請事業者からの請求書の発行が遅れていたとしても、それにより支払遅延が正当化されることはない。PB商品を扱う小売業者・卸売業者の側で、請求書を出すよう製造業者に依頼することが必要である。

■4 消化仕入方式

　百貨店等においては、「消化仕入」として、小売業者に納入された時点では仕入れと扱わず、商品が一般消費者に販売された時点をもって仕入れと扱う方式が採用される場合がある。

　しかし、消化仕入方式では、一般に、「一般消費者に販売した日」という特定されない日を基準として、その月末に締め切り、翌月末日等に下請代金を支払うこととされるから、下請代金の支払期日が特定されず、下請代金の支払期日を定める義務に違反する。

　そして、上記のとおり支払期日を定めたことにならない場合は、実際の受領日（物理的に小売業者に納入された日）が支払期日とされるため、その日に代金を支払わないと支払遅延となる。

　また、小売業者が、PB商品について常に一定の在庫を確保するため、製造業者に対し、一定の在庫水準が保たれるよう納入させ、このうち実際に一般消費者に販売された分について、翌月末に支払うこととする場合には、製造業者は、発注書の交付や納期の特定の有無にかかわらず、常に一定の在庫水準が保たれるように納品しなければならず、書面の交付義務違反等を招くことになる。

　したがって、いわゆる消化仕入方式は、下請法が適用されるPB商品の仕入れについては、基本的には認められない（下請講習会テキスト31頁～32頁参照）。このように、下請法が適用されるPB商品の取引においては、下請法に対応するため、業界では当たり前のことと考えられている古くからの商慣習自体を見直さなければならないことがある。

(9) 受領拒否の禁止

Q26 当社はホームセンターです。メーカーにPB商品の製造を発注しましたが、販売量が伸び悩んでいるため、発注した商品の納品を受け付けないこととしたいと思います。下請法上の問題はありますか。

A 下請法が適用される場合、受領拒否の禁止に反し、下請法違反となります。

■1 受領拒否の禁止

　親事業者が、下請事業者に委託した給付の目的物について、下請事業者が納入してきたにもかかわらず、下請事業者に責任がないのに受領を拒むことは、受領拒否として禁止される（下請法4条1項1号）。

　これは、下請法上の製造委託等の対象になる商品は、親事業者の仕様等に基づいていたり、親事業者の社名やロゴが入っていたりするなど特殊なものが多く、受領を拒まれると下請事業者は他に転売することが困難であるため、下請事業者の利益が著しく損なわれることになるからである。

■2 受領拒否とは

　受領拒否とは、PB商品の製造委託の場合、指定した納期にPB商品の受取りを拒むことをいい、以下の行為も含まれる。

① 発注を取り消して、いったんは発注したPB商品を受け取らないこと
② 納期を延期して、発注時に合意した納期に受領しないこと

■3　下請事業者の責に帰すべき理由

　下請法が適用される取引において、親事業者である小売業者・卸売業者が下請事業者である製造業者に発注したPB商品の受領を拒否することができるのは、「下請事業者の責に帰すべき理由」がある場合のみであり、具体的には以下の場合に限られている（下請講習会テキスト35頁参照）。

①　注文と異なるPB商品、瑕疵等のあるPB商品が納入された場合
②　指定した納期までに納入されなかったため、そのものが不要になった場合（たとえばクリスマス関連商品が年明けに納入された場合）

　他方、以下のような事情があったとしても、「下請事業者の責に帰すべき理由」があるとは認められず、PB商品の受領を拒否することは許されない。

①　売れ行き不振を理由として、いったん受領を拒否し、1～2か月後に再納品させることにより、在庫の調整を行う場合
②　自社の販売計画を変更したことを理由に受領を拒否する場合

⑽ 下請代金の支払遅延の禁止

Q27 PB商品の製造を委託している下請事業者から、請求書が送付されてこなかったため、予定していた支払期日までに下請代金を支払っていません。これは、請求書を送付しない下請事業者の責任ですから、下請法違反にはならないと考えてよろしいでしょうか。

A いいえ。請求書の発行の有無にかかわらず、支払期日までに下請代金を全額支払わないと、下請代金の支払遅延として下請法違反になります。

■1　下請代金の支払遅延の禁止

　親事業者が、物品等を受領した日から起算して60日以内に定めた支払期日（本章Q25参照）までに、下請代金の全額を支払わなかった場合、下請代金の支払遅延として下請法違反となる（下請法4条1項2号）。

　これは、下請代金の支払いが遅延すると、下請事業者の資金繰りに悪影響が生じ、賃金や原材料費の支払いが困難になるなどの弊害が生じるため、そのような事態を防ぐために設けられたものと考えられる。

■2　実務上のポイント

　下請代金の支払遅延について留意すべき実務上のポイントは、以下の3点であるといえる。
　① 請求書の発行の有無は無関係であること
　　何らかの事情でPB商品の下請事業者から請求書が発行されないため、親事業者である小売業者や卸売業者が下請代金を支払わないままになっ

てしまうという場合が往々にしてみられる。

しかし、下請法の実務上、親事業者は、下請事業者からの請求書の有無にかかわらず、受領後60日以内に定めた支払期日までに下請代金を支払わなければならないとされている（下請講習会テキスト39頁）。

そこで、PB商品の製造を委託する親事業者の側において、下請事業者から請求書が発行されているか否かをモニタリングし、発行されない場合には発行を依頼するなどして、支払期日までに下請代金を支払えるように対応する必要がある。

② 支払制度自体の不備による支払遅延の例がみられること

下請代金の支払期日は、PB商品を受領した日から起算して60日以内のできる限り短い期間内で定める必要があるが（下請法2条の2第1項）、特に締切制度を導入している場合、「60日以内」の計算に注意する必要がある。

たとえば、「毎月20日納品締切、締切40日後に支払う」という締切制度を設けている場合、一見すると、「60日以内」に支払いが行われるかのようにみえる。しかし、これでは、たとえば、3月21日に納品されたPB商品は、4月20日に締め切られ、その40日後である5月30日が支払日となり、納品から下請代金支払いまでの期間が60日を超えてしまう。

このように、支払制度自体が下請法に対応していないと、毎日のように下請代金の支払遅延という下請法違反行為が繰り返される結果となる。

③ 年率14.6％の遅延利息が課されること

PB商品の製造を委託している親事業者は、下請代金をその支払期日までに支払わなかったときは、下請事業者に対し、PB商品を受領した日から起算して60日を経過した日から実際に支払いをする日までの期間について、年率14.6％の遅延利息を支払わなければならない（下請法4条の2）。下請代金の支払遅延を行うと、親事業者にとっても重大な不利益が及ぶこととなる。

(11) 下請代金の減額の禁止

Q28 当社は総合スーパーマーケットです。PB商品の製造を委託している製造業者に、当社の物流センターを利用させていますので、委託代金から5％のセンターフィを差し引いて支払うこととしたいのですが、下請法が適用される場合、このような方法は問題となりますか。

A 下請代金の減額の禁止に反し、下請法違反となります。

■1 下請代金の減額の禁止

　親事業者が、下請事業者の責に帰すべき理由がないにもかかわらず、発注時に決定した下請代金を減額することは、下請代金の減額として禁止されている（下請法4条1項3号）。

　下請代金の減額は、下請事業者の利益を直接的に損なうものであるため、公正取引委員会および中小企業庁は、他の下請法違反類型と比較して圧倒的に厳しい姿勢で臨んでおり、これまでに公正取引委員会が勧告を行った事案のほとんどは、下請代金の減額を含む事案となっている。

　つまり、下請代金の減額を行った場合には、公正取引委員会により勧告を受け、その事実や企業名が公表されるリスクがきわめて大きいため、PB商品の製造を委託する親事業者においては、特に注意が必要である。

　しかし、PB商品の製造委託について下請法が適用されることが十分に認知されていないため、小売業者・卸売業者がPB商品の製造委託に関して下請代金の減額等を行い、公正取引委員会から勧告を受ける事例が続出しているものと思われる。

■2　減額の名目は無関係であること

　下請代金の減額の禁止においては、減額の名目はまったく問われない。

　過去に公正取引委員会が勧告を行った事例で、下請代金の減額の名目とされたものとしては、「歩引」「仕入歩引」「協賛金」「特別協賛金」「コンクール協賛金」「広告協賛金」「販促協賛」「開発関与料」「オンライン基本料」「データ提供料」「超過保管料金」「マークダウン」「値引き」「消化推進値引き」「決算協力値引き」「特別条件」「センターフィ」「事務手数料」「金利手数料」「本部リベート」「口銭」「割戻金」「チラシ掲載料」「手数料」「PB特別ご協賛」「EDI処理料」「伝票処理料」「オンライン処理料」「定時割戻し」「新店リベート」「早期決済手数料」「営業サンプル塡補分」など、実にさまざまなものがある。

■3　下請事業者との合意、業界の慣行

　上記のようなさまざまな名目による減額は、PB商品の製造を受託する下請事業者との間の合意より行われる場合もある。

　しかし、下請法上、親事業者と下請事業者との間で、下請代金の減額について合意がなされたとしても、下請事業者の責に帰すべき理由がない限り、下請代金の減額は正当化されない（下請講習会テキスト45頁、47頁参照）。

　このような形式的な解釈・運用は、下請法の大きな特徴である。「製造業者から同意書を取得したから問題ない」などと安易に考えることは、きわめて危険である。

　また、業界によっては、上記のような名目で製造業者に資金的な協力を依頼することが、長年の慣行になっていることもあると考えられる。しかし、下請事業者の責に帰すべき理由がない限り、業界慣行であるからといって、下請代金の減額が正当化されることはない（下請講習会テキスト46頁参照）。

　PB商品を取り扱う小売業者・卸売業者においては、このような下請法に

抵触する業界慣行を捨て、新たな取引の慣行を切り開いていかなければならない場面もあり得る。

■4 遡及値引きと下請代金の減額の禁止

親事業者と下請事業者が合意し、単価を引き下げる場合、すでに発注済みのものに新単価を遡及適用し、約束していたとおりの下請代金を支払わないことは、下請代金の減額として下請法違反となる。

たとえば、2月中に単価交渉を妥結する予定でいたところ、交渉がずれこんで4月1日から単価を引き下げることとなった場合、3月中に発注済みで4月以降に納入される商品についても新単価を適用することは、下請代金の減額にあたる。

そこで、PB商品を扱う小売業者・卸売業者においては、このような事態を生じないよう、経理部門との情報共有や、システムへの入力内容の確認などの工夫を行うことが考えられる。

■5 ボリュームディスカウントと下請代金の減額の禁止

親事業者が、下請事業者に対し、一定期間内に、一定数量を超えた発注を達成した場合に、下請事業者が親事業者に対して割戻金を支払うことを約束する場合がある。

このようなボリュームディスカウントは、形式的には下請代金の減額にあたるが、実務上、合理的理由に基づく割戻金であって、以下の条件をすべて満たす場合に限り、下請代金の減額にはあたらないとされている（下請講習会テキスト45頁）。

① あらかじめ、当該割戻金の内容が取引条件として合意・書面化されていること
② 当該書面における記載と3条書面に記載されている下請代金の額とを合わせて実際の下請代金の額とすることが合意されていること

③ 3条書面と割戻金の内容が記載されている書面との関連付けがなされていること

「合理的な理由」は、発注数量の増加により単位コストが低減し、それによって、その品目の取引において下請事業者の得られる利益が、割戻金を支払ってもなお従来より増加する場合に認められる。

そのため、対象品目を特定せず発注総額だけを基準にボリュームディスカウントを求めることや、単に発注予定数量を上回ったというだけでボリュームディスカウントを求めることは認められない。

しかし、発注数量の増加により下請事業者の単位コストがどの程度低減されるかということは、下請事業者の営業秘密にもかかわる部分であり、親事業者がこれを正確に把握することは一般に困難であると思われる。

このようにみていくと、下請法の実務上許されるボリュームディスカウントの要件は、相当厳しいということになる。

■6 下請事業者の責に帰すべき理由

「下請事業者の責に帰すべき理由」があるとして、下請代金の減額が認められるのは、実務上、以下の場合に限られている（下請講習会テキスト44頁～45頁）。

「(ア) 下請事業者の責に帰すべき理由（瑕疵の存在、納期遅れ等）があるとして、受領拒否、返品した場合に、その給付に係る下請代金の額を減じるとき

(イ) 下請事業者の責に帰すべき理由があるとして、受領拒否、返品できるのに、そうしないで、親事業者自ら手直しをした場合に、手直しに要した費用を減じるとき

(ウ) 瑕疵等の存在又は納期遅れによる商品価値の低下が明らかな場合に、客観的に相当と認められる額を減じるとき」

他方、上記の「下請事業者の責に帰すべき理由」が認められない場合には、

たとえ、下請事業者の書面による承諾があったとしても、前述のとおり発注書等に記載された下請代金の額を減額することは許されない。

(12) 返品の禁止

Q29 下請事業者からPB商品の納品を受けましたが、当該商品が予想に反して売れ残っているため、下請事業者と合意のうえで、返品したいと考えています。下請法上の問題はありますか。

A 返品の禁止に反し、下請法違反となります。

■1 返品の禁止

親事業者が、下請事業者の給付を受領した後、下請事業者の責に帰すべき理由がないのに、下請事業者から納入された商品等を引き取らせることは、返品として禁止されている（下請法4条1項4号）。

たとえば、次のシーズンに再び引き取ることを約束したうえで、オフシーズンにいったん返品するような場合も、いったんは返品する以上、下請法により禁止される「返品」に該当する。

■2 下請事業者の責に帰すべき理由

下請法上、返品することができるのは、以下の「下請事業者の責に帰すべき理由」がある場合に限られている（下請講習会テキスト50頁）。

① 注文と異なる物品等が納入された場合
② 汚損・毀損等された物品等が納入された場合

下請代金の減額の場合と同様、下請事業者との間で返品に関する合意があったとしても、下請事業者の責に帰すべき理由がない限り、返品は正当化されない。

■3 返品することのできる期間

　下請事業者の責に帰すべき理由がある場合においても、実務上、返品することのできる期間が以下のとおり限定されている（下請講習会テキスト50頁～51頁）。したがって、不良品等であるからといって、いつでも返品が認められるものではないことに注意が必要である。

① 直ちに発見できる瑕疵の場合

　通常の検査で直ちに発見できる瑕疵の場合は、発見次第速やかに返品する必要があるとされている。

② 直ちに発見できない瑕疵の場合

　通常の検査で発見できず、ある程度の期間が経過した後に発見された瑕疵の場合は、PB商品の受領後6か月以内の返品は問題ないが、受領後6か月を超えた後の返品は下請法違反になるとされている。

⑬ 買いたたきの禁止

Q30 当社（食品スーパーマーケット）は、PB 商品の製造を委託している下請事業者に対し、圧倒的な力をもっています。そのため、下請事業者と交渉せず、相場よりも著しく安い金額での発注書を一方的に送付して、PB 商品を製造させることも不可能ではありません。このような行為は、下請法上どのような問題がありますか。

A 買いたたきの禁止に反し、下請法に違反します。

■1　買いたたきの禁止

　親事業者が、下請代金の決定にあたり、当該商品と同種または類似の商品に対して通常支払われる対価に比べて、著しく低い額を不当に定めると、「買いたたき」として下請法違反になる（下請法 4 条 1 項 5 号）。

　下請代金の減額の禁止は、一度合意した下請代金の額を事後的に減じることを禁止するものであるのに対し、買いたたきは、下請代金の額を決める交渉段階における規制である。

　「通常支払われる対価」とは、当該 PB 商品と同種または類似の給付の内容について実際に行われている取引の価格（市価）をいい、市価の把握が困難な場合は、当該 PB 商品と同種または類似の給付の内容に係る従来の取引価格をいうとされている（下請講習会テキスト 54 頁参照）。

■2　買いたたきの判断基準

　買いたたきにあたるか否かは、以下のような要素を勘案して総合的に判断

するものとされている（下請講習会テキスト54頁）。

① 下請代金の額の決定にあたり、下請事業者と十分な協議が行われたかどうかなど対価の決定方法
② 差別的であるかどうかなど対価の決定内容
③ 「通常支払われる対価」と当該給付に支払われる対価との乖離状況
④ 当該給付に必要な原材料等の価格動向

■3　実務上の留意点

　以上の解説は、下請法における買いたたきに関するものである。消費税転嫁対策特別措置法においても、買いたたきが禁止されており、同法における買いたたきのほうが下請法における買いたたきよりも厳しい規制となっている。そこで、PB商品を扱う小売業者・卸売業者においては、下請法のみならず消費税転嫁対策特別措置法における買いたたきにも注意が必要である。
　いずれの法律についても、製造業者と綿密な価格交渉を行ってその納得を得たうえで、交渉の過程を記録に残しておくことが1つのポイントである。

(14) 購入・利用強制の禁止

Q31 当社は総合スーパーマーケットです。PB商品の製造を委託している下請事業者に対し、ノルマを決めて当社のクリスマス関連商品を購入するよう要請しようと考えています。このような行為は、下請法上どのような問題がありますか。

A 購入・利用強制にあたり、下請法違反となる可能性があります。

■1　購入・利用強制の禁止

　親事業者が、下請事業者に対し、正当な理由がないのに、親事業者の指定する商品等を強制的に購入させたり、サービスを強制的に利用させたりすると、購入・利用強制として、下請法違反となる（下請法4条1項6号）。

　購入・利用させる商品・サービスは、自社のものに限らず、子会社・関係会社、取引先など、親事業者が指定する商品・サービスが広く含まれる。

　また、「強制」的に購入・利用させるとは、事実上、下請事業者に購入等を余儀なくさせていると認められるか否かにより判断されるため、親事業者としては任意に応じてもらったと理解していても、下請事業者にとって依頼を拒否できない状況であった場合には、「強制」したと判断される可能性がある。

■2　親事業者において望まれる対応

　PB商品の製造を委託している親事業者が、下請事業者に対し、自己の指定する商品・サービスの購入・利用を要請する必要がある場合には、以下の

点に留意し、慎重に対処することが望ましい。

① PB商品の購買担当者など、下請取引に直接影響を及ぼす者による要請は避ける。

② 下請事業者に購入・利用の意思がないとみられる場合に、重ねて購入・利用を要請することは避ける。

③ 下請事業者に対し、応じなければPB商品の取引において不利益な取扱いをする旨を示唆することのないようにする。

■3　購入・利用強制にあたらない場合

たとえば、発注したPB商品の品質を維持するため、親事業者である小売業者・卸売業者が指定する原材料を、下請事業者である製造業者に購入させる場合など、正当な理由がある場合には、下請法の禁止する購入・利用強制にはあたらない。

なお、上記のようにPB商品の原材料を有償で支給する場合には、有償支給原材料等の対価の早期決済の禁止（下請法4条2項1号）に違反することのないよう、留意する必要がある。

⑴5 不当な経済上の利益の提供要請の禁止

Q32 当社は食品スーパーマーケットです。新規店舗の開店にあたり、PB商品の製造を委託している下請事業者に対し、協賛金を提供するよう求めたり、開店準備の手伝いをするよう求めたいのですが、下請法上どのような問題がありますか。

A 不当な経済上の利益の提供要請として、下請法に違反する可能性があります。

■1 不当な経済上の利益の提供要請の禁止

親事業者が、下請事業者に対し、自己のために金銭、役務その他の経済上の利益を提供させることにより、下請事業者の利益を不当に害すると、不当な経済上の利益の提供要請として下請法違反となる（下請法4条2項3号）。

提供要請の禁止の対象となる経済上の利益には、名目を問わず、以下のようなものが広く含まれる。

① 協賛金
② 決算対策費
③ 季節協力金
④ 派遣従業員
⑤ 手伝い店員

したがって、PB商品を扱う小売業者・卸売業者は、下請事業者に対し、このような要請を行うことのないよう注意する必要がある。

また、下請法が適用されないNB商品についても、力の強い小売業者等が納入業者に対しこのような行為を行えば、優越的地位の濫用にあたる可能性

があるため、あわせて注意が必要である。

　なお、親事業者が下請事業者から協賛金等の提供を受ける場合において、これを下請代金の額から差し引いて下請代金を支払ったときは、下請代金の減額の問題となるのに対し、下請代金とは独立して支払わせるときは、不当な経済上の利益の提供要請の問題となる（粕渕功＝杉山幸成編著『下請法〔第3版〕』131頁～132頁）。

■2　下請事業者の利益を不当に害するといえない場合

　PB商品の製造を請け負う下請事業者が、経済上の利益を提供することが自己の納入するPB商品の販売促進につながるなど、直接の利益になると考え、自由な意思により提供する場合には、「下請事業者の利益を不当に害する」とはいえない。

　したがって、たとえば、セールの販売活動の手伝いとして、PB商品の製造を請け負う下請事業者から無償で人員を派遣してもらい、当該下請事業者が納入したPB商品の販売のみを応援してもらうような場合であって、それが当該下請事業者の直接の利益となり、かつ当該下請事業者の同意を得ているものであれば、直ちに下請法違反にはならないと考えられる。

　しかし、このような場合には、親事業者が、下請事業者に対し、金銭や労務の提供を行うことにより、どれだけの利益が見込めるか合理的根拠を示して明らかにし、それが金銭等を提供することによって発生する不利益を上回ることを明確に示す必要があると解されている（粕渕＝杉山・前掲167頁、169頁）。

⑯　不当な給付内容の変更および不当なやり直しの禁止

Q33 当社は靴の量販店です。PB商品のスニーカーの売れ行きが悪いため、下請事業者に発注済みのスニーカーの仕様を変更したり、下請事業者から納品済みのスニーカーの製造をやり直させたりしたいと考えていますが、下請法上どのような問題がありますか。

A 不当な給付内容の変更・不当なやり直しの禁止に反し、下請法に違反する可能性があります。

■1　不当な給付内容の変更および不当なやり直しの禁止

　親事業者が、下請事業者の責に帰すべき理由がないのに、下請事業者の給付の内容を変更（発注の取消しを含む）し、または下請事業者の給付を受領した後に給付のやり直しをさせることにより、下請事業者の利益を不当に害すると、不当な給付内容の変更・不当なやり直しとして、下請法違反となる（下請法4条2項4号）。

　そのため、たとえば、より消費者の支持を得られるPB商品に改良するため、給付内容の変更ややり直しをさせたい場合には、そのために必要な費用を、親事業者がすべて負担するなどの対応が求められることになる。

　なお、PB商品の受領前の仕様変更は「給付内容の変更」、受領後の仕様変更は「やり直し」として区別される。

■2　下請事業者の責に帰すべき理由

　他方、「下請事業者の責に帰すべき理由」がある場合には、PB商品の製造を委託した親事業者が費用を負担することなく、給付内容の変更ややり直

しをさせることが認められるが、これが認められるのは、以下の場合に限られるとされている（下請講習会テキスト66頁～67頁）。

「(ア)　下請事業者の要請により給付の内容を変更する場合

(イ)　給付を受領する前に下請事業者の給付の内容を確認したところ、給付の内容が３条書面に明記された委託内容とは異なること又は下請事業者の給付に瑕疵等があることが合理的に判断され、給付の内容を変更させる場合

(ウ)　下請事業者の給付の受領後、下請事業者の給付の内容が３条書面に明記された委託内容と異なるため又は下請事業者の給付に瑕疵等があるため、やり直しをさせる場合」

⒄ その他の禁止事項

Q34 親事業者のその他の禁止事項について、教えてください。

A 有償支給原材料等の対価の早期決済の禁止、割引困難な手形の交付の禁止、報復措置の禁止があります。

■1 有償支給原材料等の対価の早期決済の禁止

　親事業者が、下請事業者に対し、PB商品の製造に必要な半製品、部品、付属品または原材料を有償で支給している場合に、下請事業者の責に帰すべき理由がないのに、この原材料等を用いて製造するPB商品に対する下請代金の支払期日より早い時期に、当該原材料等の対価を下請事業者に支払わせたり、下請代金から控除（相殺）したりすることにより、下請事業者の利益を不当に害すると、有償支給原材料等の対価の早期決済として、下請法違反となる（下請法4条2項1号、下請講習会テキスト61頁）。

　たとえば、月末締め翌月末払いの支払制度の下で、PB商品の製造を委託している親事業者が5月15日に原材料を支給し、これを用いて製造されたPB商品が6月3日に納品された場合、その下請代金の支払期日は7月末日となるが、上記原材料の代金を、7月末日に支払う下請代金ではなく、5月末日や6月末日に支払う下請代金の額から控除すると、下請法違反となる。

　有償支給原材料等の対価の早期決済が認められるのは、「下請事業者の責に帰すべき理由」がある場合に限られ、次のような場合があるとされている（下請講習会テキスト61頁参照）。

① PB商品の製造を請け負う下請事業者が支給された原材料等を毀損・

損失したため、親事業者に納入すべき物品の製造が不可能となった場合
② 支給された原材料等によって不良品や注文外の物品を製造した場合
③ 支給された原材料を他に転売した場合

■2 割引困難な手形の交付の禁止

　親事業者が、下請事業者に対し、一般の金融機関で割り引くことが困難な手形で下請代金を支払い、下請事業者の利益を不当に害すると、割引困難な手形の交付として下請法違反となる（下請法4条2項2号）。

　「一般の金融機関で割り引くことが困難な手形」は、実務上一般的には、手形期間が120日[1]（繊維業は90日[2]）を超える長期の手形が、これにあたると解されている。

　割引困難な手形の交付は、相当多数みられる下請法違反類型であり、多くの企業で、上記の手形期間を超える長期の手形が下請代金の支払いに利用されていると考えられる。PB商品の製造委託等に係る下請代金の支払いにあたっては、NB商品の仕入代金の支払いに用いる手形よりも手形期間を設定しなければならない場合があり得るであろう。

■3 報復措置の禁止

　親事業者が、下請事業者が親事業者の下請法違反を公正取引委員会・中小企業庁に知らせたことを理由として、取引を停止したり、取引の数量を減らすなどの不利益な取扱いをすると、そのこと自体が報復措置として下請法違反となる（下請法4条1項7号）。

　このような規定が設けられたのは、下請事業者が、親事業者の報復を恐れ

---

[1] 昭和41年3月11日付け公正取引委員会事務局長・中小企業庁長官「下請代金の支払手形のサイト短縮について」。
[2] 昭和41年3月31日付け公正取引委員会事務局長・中小企業庁長官「下請代金の支払手形のサイト短縮について」。

ることなく、公正取引委員会・中小企業庁に対して下請法違反行為を報告できるようにするためと考えられる。

　PB商品の製造を請け負っている下請事業者においては、親事業者である小売業者・卸売業者の行為が下請法に違反すると考えた場合、報復を恐れることなく、公正取引委員会・中小企業庁への報告を検討すべきであろう。

⒅ 下請法に違反した場合の対応

Q35 下請法に違反した場合、当社はどのような措置を受けるのでしょうか。また、下請法違反を社内監査等で発見した場合、当社はどのように対応すべきでしょうか。

A 公正取引委員会による勧告・公表、公正取引委員会または中小企業庁による指導を受ける可能性があります。また、下請法違反を発見した場合は、下請事業者の不利益を回復させるとともに、公正取引委員会に対し、自発的に違反を申し出ることが考えられます。

■1　下請法違反行為に対する措置

　書面の交付義務および書類の作成・保存義務違反は、50万円以下の罰金の対象とされているが（下請法10条）、実務上は、罰則ではなく、公正取引委員会および中小企業庁の指導による是正が図られている。

　また、親事業者の11の禁止事項に対する違反は、公正取引委員会による勧告措置の対象となる。勧告は、公正取引委員会のウェブサイト上で企業名および事実が公表されるため、重大なレピュテーションリスクにつながりかねない。

　公正取引委員会の勧告の内容は、おおむね以下のとおりである。

① 下請事業者が被った不利益の原状回復措置
  ⓐ 減額した下請代金を支払うよう勧告
  ⓑ 受領拒否した物品を受領するよう勧告
  ⓒ 支払いを遅延した下請代金を遅延利息とともに支払うよう勧告
  ⓓ 返品した物品を引き取るよう勧告

ⓔ　買いたたきの場合、下請代金を引き上げるよう勧告
②　下請法に関する研修の実施などコンプライアンス体制を確立するよう勧告
③　その他必要な再発防止措置をとるよう勧告

　また、勧告に至らない多数の事案においては、公正取引委員会・中小企業庁による指導が行われている。

■2　下請法違反を発見した際の対応

　公正取引委員会は、以下の条件を満たす場合には、勧告を行わないとの方針を明らかにしている。[1]
①　公正取引委員会が当該違反行為に係る調査に着手する前に、当該違反行為を自発的に申し出ている。
②　当該違反行為をすでにとりやめている。
③　当該違反行為によって下請事業者に与えた不利益を回復するために必要な措置をすでに講じている。
④　当該違反行為を今後行わないための再発防止策を講じることとしている。
⑤　当該違反行為について公正取引委員会が行う調査および指導に全面的に協力している。

　そこで、社内監査等において、公正取引委員会から勧告を受ける可能性のある重大な下請法違反行為を発見した場合には、違反行為を早急に是正するとともに、上記方針に沿って公正取引委員会に申し出ることも検討すべきであろう。

---

[1]　公正取引委員会平成20年12月17日付け「下請法違反行為を自発的に申し出た親事業者の取扱いについて」〈http://www.jftc.go.jp/shitauke/shitauke_tetsuduki/081217.files/081217.pdf〉

4 消費税率引上げをめぐる問題

(1) 消費税転嫁対策特別措置法の概要

Q36 平成26年4月1日から消費税率が8％に引き上げられ、平成27年10月1日から10％に引き上げられる見通しですが、これに先立って消費税転嫁対策特別措置法が施行されたと聞きました。概要を教えてください。

A 消費税転嫁対策特別措置法は、消費税の円滑かつ適正な転嫁のために、4つの措置を定めており、PB商品の取引にもさまざまな影響を及ぼすと考えられます。

■1 消費税転嫁対策特別措置法の成立・施行

消費税転嫁対策特別措置法は、平成25年6月5日に成立し、同年10月1日に施行された。同法は、平成29年3月31日にその効力を失うとされている。

■2 4つの措置およびガイドライン

消費税転嫁対策特別措置法は、消費税の円滑かつ適正な転嫁を実現するため、4つの措置を定めている。そして、これに関して各省庁から計4本のガイドラインが公表されており、実務の指針となる。

4つの措置の概要と対応するガイドラインをまとめると、以下のとおりである。

① 消費税の転嫁拒否等の行為の是正に関する特別措置

消費税の転嫁を拒否するなどの行為を禁止するものである。

「特定事業者」が、「特定供給事業者」に対し、消費税の転嫁拒否等の

一定の行為を行うことを禁止し、かかる行為を是正・防止するために必要な法制上の措置を講じている。

　　◎ガイドライン：公正取引委員会「消費税の転嫁を阻害する行為等に関する消費税転嫁対策特別措置法、独占禁止法及び下請法上の考え方」（特措法公取委ガイドライン）

② 消費税の転嫁を阻害する表示の是正に関する特別措置

いわゆる「消費税還元セール」などの表示を禁止するものである。

事業者に対し、消費税の転嫁を阻害する一定の表示を行うことを禁止し、このような表示を是正・防止するために必要な法制上の措置を講じている。

　　◎ガイドライン：消費者庁「消費税の転嫁を阻害する表示に関する考え方」（消費者庁転嫁阻害表示ガイドライン）

③ 価格の表示に関する特別措置

消費税法上の総額表示義務（消費税法63条）の特例を設け、税抜価格での表示等を可能にするものである。

表示する価格が税込価格であると誤認されないための措置を講じている場合に限り、消費税法が定める総額表示を要しないこととするために必要な法制上の措置を講じている。

　　◎ガイドライン：財務省「総額表示義務に関する特例の適用を受けるために必要となる誤認防止措置に関する考え方」（財務省ガイドライン）

　　　　　　　　　消費者庁「総額表示義務に関する消費税法の特例に係る不当景品類及び不当表示防止法の適用除外についての考え方」（消費者庁適用除外ガイドライン）

④ 消費税の転嫁及び表示の方法の決定に係る共同行為に関する特別措置

いわゆる転嫁カルテル・表示カルテルを容認するものである。

事業者または事業者団体が行う消費税の転嫁および表示の方法の決定

に係る共同行為（転嫁カルテル・表示カルテル）について、公正取引委員会に事前に届け出ることを条件に、独占禁止法の適用除外とする制度を設けている。

　◎ガイドライン：特措法公取委ガイドライン

(2) 転嫁拒否等を禁止される事業者および取引

Q37 当社は、昨年度の売上高が200億円の総合スーパーマーケットです。当社は、どのような取引先との間の、どのような取引について、転嫁拒否等の行為を行ってはならないのでしょうか。

A 貴社は大規模小売事業者に該当すると考えられ、継続的に商品・役務の供給を受けるすべての事業者との間でのきわめて幅広い取引に関し、転嫁拒否等の行為を行うことが禁止されます。

■1 転嫁拒否等の行為の禁止

消費税転嫁対策特別措置法は、「特定事業者」が、「特定供給事業者」に対し、①減額、②買いたたき、③商品購入、役務利用または利益提供の要請、④本体価格での交渉の拒否、⑤報復行為という転嫁拒否等の行為を行うことを禁止している（消費税特措法3条）。

■2 転嫁拒否等の行為を禁止される「特定事業者」

規制対象となる「特定事業者」と、いわば被害者的な立場に立つ「特定供給事業者」は、以下の2つのパターンにより定義されている。

	「特定事業者」（買い手）	「特定供給事業者」（売り手）
①	大規模小売事業者	大規模小売事業者と継続的に取引を行っているすべての事業者
②	資本金3億円以下の事業者等と継続的に取引を行っている法人事業者（大規模小売事業者以外）	・資本金額・出資総額が3億円以下の事業者 ・人格のない社団等である事業者 ・個人事業者

上記類型①の大規模小売事業者とは、「一般消費者が日常使用する商品の小売業を行う者」(特定連鎖化事業を行う者を含む)であって、以下の2つの条件のいずれかに該当する者をいい(消費税の円滑かつ適正な転嫁の確保のための消費税の転嫁を阻害する行為の是正等に関する特別措置法第2条第1項第1号の大規模小売事業者を定める規則)、PB商品を取り扱う小売業者がこれに該当する場合も多いと考えられる。

ⓐ 前事業年度における売上高(特定連鎖化事業を行う者にあっては、当該特定連鎖化事業に加盟する者の売上高を含む)が100億円以上である者
ⓑ 次に掲げるいずれかの店舗を有する者
　ⓐ 東京23区内および政令指定都市においては、店舗面積が3000平方メートル以上
　ⓘ 上記以外の市町村においては、店舗面積が1500平方メートル以上

■3 転嫁拒否等の禁止対象となる特定供給事業者

PB商品を取り扱う小売事業者が上記の大規模小売事業者に該当する場合は、当該小売事業者が継続的に商品・役務の供給を受けているすべての事業者が、「特定供給事業者」に該当し、これらの者との間で転嫁拒否等の行為が禁止されることになる。

他方、上記の大規模小売事業者に該当しない事業者は、資本金3億円以下の事業者等と継続的に取引を行っている法人事業者である限り、特定事業者の類型②(前記■2)に該当するが、転嫁拒否等の行為が禁止される特定供給事業者は、資本金・出資総額が3億円以下の事業者等に限られることになる。

---

1 フランチャイズ本部等がこれにあたる。
2 フランチャイズ本部であれば、加盟店の売上高も含まれる。

■4　転嫁拒否等の禁止対象となる取引内容

　特定事業者のいずれの類型に該当する場合も、委託内容要件により適用対象取引を絞り込む下請法とは異なり、特定事業者が特定供給事業者から供給を受ける商品・役務の内容には一切限定がない。

　そのため、両者の間で継続的な取引が行われている限り、PB商品の製造を委託する取引はもちろん、NB商品の購入取引、社屋の清掃業務の委託、自社で使用する事務用品の購入、配送の委託など、きわめて幅広い取引が規制の対象となる。

(3) 転嫁拒否等の行為の禁止

Q38 当社は食品スーパーマーケットです。消費税率引上げ分をそのまま消費者に転嫁することが難しいため、PB商品の製造業者と協議し、消費税率引上げ前まで税込み105円で仕入れていたPB商品を、消費税率引上げ後も税込み105円のままで仕入れています。これは消費税転嫁対策特別措置法に違反しますか。

A 合理的な理由がない限り、「買いたたき」として消費税転嫁対策特別措置法違反となります。

■1 禁止される転嫁拒否等の行為

消費税転嫁対策特別措置法上、「特定事業者」が、「特定供給事業者」に対し、①減額、②買いたたき、③商品購入、役務利用または利益提供の要請、④本体価格での交渉の拒否、⑤報復行為という転嫁拒否等の行為を行うことが禁止されている（消費税特措法3条）。それぞれの具体的な内容は、以下のとおりである。

(1) 減 額

「減額」とは、特定事業者が、平成26年4月1日以後に特定供給事業者から供給を受ける商品・サービスについて、合理的な理由なく、すでに取り決められた対価（消費税を含めた価格）から事後的に減じて支払うことをいう。

たとえば、以下のような行為が「減額」にあたる（特措法公取委ガイドライン第1部第1　2(5)）。

「ア　対価から消費税率引上げ分の全部又は一部を減じる場合

イ　既に支払った消費税率引上げ分の全部又は一部を次に支払うべき対価

から減じる場合
- ウ　本体価格に消費税額分を上乗せした額を商品の対価とする旨契約していたにもかかわらず、対価を支払う際に、消費税率引上げ分の全部又は一部を対価から減じる場合
- エ　リベートを増額する又は新たに提供するよう要請し、当該リベートとして消費税率引上げ分の全部又は一部を対価から減じる場合
- オ　消費税率引上げ分を上乗せした結果、計算上生じる端数を対価から一方的に切り捨てて支払う場合」

(2) 買いたたき

「買いたたき」とは、商品・役務の対価の額を、当該商品・役務と同種もしくは類似の商品・役務に対し通常支払われる対価（通常は、特定事業者と特定供給事業者との間で取引している商品・役務の消費税率引上げ前の対価に消費税率引上げ分を上乗せした額をいう）に比し低く定めることにより、特定供給事業者による消費税の転嫁を拒むことをいう。具体的には、特定事業者が、平成26年4月1日以後に特定供給事業者から供給を受ける商品・役務の対価について、合理的な理由なく通常支払われる対価よりも低く定める行為をいう。

たとえば、以下のような行為が「買いたたき」にあたる（特措法公取委ガイドライン第1部第1　3(4)）。

「ア　対価を一律に一定比率で引き下げて、消費税率引上げ前の対価に消費税率引上げ分を上乗せした額よりも低い対価を定める場合
- イ　原材料費の低減等の状況の変化がない中で、消費税率引上げ前の対価に消費税率引上げ分を上乗せした額よりも低い対価を定める場合
- ウ　安売りセールを実施することを理由に、大量発注などによる特定供給事業者のコスト削減効果などの合理的理由がないにもかかわらず、取引先に対して値引きを要求し、消費税率引上げ前の対価に消費税率引き上げ分を上乗せした額よりも低い対価を定める場合」

「買いたたき」にあたらないための「合理的な理由」は、特定事業者（買い手）側で立証する必要があるとされているため、小売業者・卸売業者（特定事業者）が、製造業者（特定供給事業者）との間でPB商品の仕入価格に関する交渉を行う際は、これまで以上に慎重な交渉を行い、当局への説明材料とするため、原材料の値動きやコストダウン等の事情に関する資料、製造業者（特定供給事業者）との交渉過程の記録等の資料を残しておくことが有益である。

(3) 商品購入、役務利用または利益提供の要請

商品購入、役務利用または利益提供の要請とは、「消費税の転嫁を受け入れる代わりに、自己の指定する商品を購入させ、若しくは自己の指定する役務を利用させ、又は自己のために金銭、役務その他の経済上の利益を提供させること」をいう。

たとえば、以下のような行為が「商品購入、役務利用または利益提供の要請」にあたる（特措法公取委ガイドライン第1部第1　4(6)）。

「【商品購入、役務利用の要請】
ア　消費税率引上げ分の全部又は一部を上乗せすることを受け入れる代わりに、取引先にディナーショーのチケットの購入、自社の宿泊施設の利用等を要請する場合」

「【利益提供の要請】
ア　消費税率引上げ分の全部又は一部を上乗せすることを受け入れる代わりに、消費税の転嫁の程度に応じて、取引先ごとに目標金額を定め、協賛金を要請する場合」

「ウ　消費税率引上げ分の全部又は一部を上乗せすることを受け入れる代わりに、消費税率の引上げに伴う価格改定や、外税方式への価格表示の変更等に係る値札付け替え等のために、取引先に対し、従業員等の派遣を要請する場合」

(4) 本体価格での交渉の拒否

本体価格での交渉の拒否とは、商品または役務の供給の対価に係る交渉において消費税を含まない価格を用いる旨の特定供給事業者からの申出を拒むことである。

(5) 報復行為

報復行為とは、前記(1)から(4)の行為があるとして、特定供給事業者が公正取引委員会、主務大臣または中小企業庁長官に対しその事実を知らせたことを理由として、取引の数量を減じ、取引を停止し、その他不利益な取扱いをすることである。

■2　転嫁拒否等の行為に対する措置

転嫁拒否等の行為に対しては、公正取引委員会・中小企業庁長官・主務大臣による指導・助言、中小企業庁長官・主務大臣による公正取引委員会に対する措置請求、公正取引委員会による勧告・公表の措置がとられる（消費税特措法4条〜6条）。

勧告がなされれば社名も公表され、企業の社会的評価を大きく下げることとなるため、転稼拒否等の行為を行わないよう万全の対応をとることが望まれる。

(4) 転嫁カルテル・表示カルテル

Q39 当社は加工食品の製造業者です。大手小売業者のPB商品を製造していますが、大手小売業者に対抗するため、業界をあげて消費税転嫁に取り組みたいと考えています。どのような方法が考えられますか。

A 消費税転嫁対策特別措置法に基づく転嫁カルテル・表示カルテルを行うことが考えられます。

■1 独占禁止法の適用除外

　消費税転嫁対策特別措置法は、平成26年4月1日から平成29年3月31日までの間における商品・役務の供給を対象にした、事業者または事業者団体が行う転嫁カルテル・表示カルテルで、公正取引委員会が定めたとおりあらかじめ届け出たものについて、独占禁止法の適用除外としている（消費税特措法12条）。

■2 転嫁カルテル

　転嫁カルテルとは、消費税の転嫁の方法の決定に係る共同行為をいい、たとえば以下のようなものである（特措法公取委ガイドライン第2部第1　2(2)）。
「ア　各事業者がそれぞれ自主的に定めている本体価格に消費税額分を上乗せする旨の決定
　イ　消費税率引上げ後に発売する新製品について、各事業者がそれぞれ自主的に定める本体価格に消費税額分を上乗せする旨の決定
　ウ　消費税率引上げ分を上乗せした結果、計算上生じる端数について、……切上げ、切捨て、四捨五入等により合理的な範囲で処理する旨の決

定」

　転嫁カルテルは、共同行為の参加事業者（複数の事業者で行う共同行為の場合）、構成事業者（事業者団体が行う共同行為の場合）の3分の2以上が中小事業者である場合に限り、行うことができる。[1]

■3　表示カルテル

　表示カルテルとは、消費税についての表示の方法の決定に係る共同行為をいい、たとえば以下のようなものである（特措法公取委ガイドライン第2部第1　3(2)）。

「ア　消費税率引上げ後の価格について統一的な表示方法を用いる旨の決定

　イ　見積書、納品書、請求書、領収書等について、消費税額を別枠表示するなど消費税についての表示方法に関する様式を作成し、統一的に使用する旨の決定

　ウ　価格交渉を行う際に税抜価格を提示する旨の決定」

　表示カルテルは、参加事業者の規模の大小を問わず、行うことができる。

■4　転嫁カルテル・表示カルテルの届出

　転嫁カルテル・表示カルテルを行うには、所定の方式により、公正取引委員会にあらかじめ届け出る必要がある。届出の書式は、公正取引委員会ホームページからダウンロードすることができる。[2]

1　中小事業者の要件は、消費税転嫁対策特別措置法2条3項に規定されている。
2　〈http://www.jftc.go.jp/tenkataisaku/todokede.html〉

第4章

PB商品の販売段階における法律問題

第4章　PB 商品の販売段階における法律問題

1　PB 商品の販売における商標権の活用

(1)　商標・商標登録

Q40　当社は、全国的にスーパーマーケットやコンビニエンス・ストアを展開する小売業者ですが、「ベター・バリュー」という PB を立ち上げることを決めました。このブランドの価値を守るために、どういう方法が考えられますか。

A　「ベター・バリュー」で扱う商品および、サービスについて、「ベター・バリュー」で商標登録をしておくことが考えられます。

■1　商標制度[1]

　消費者および各企業等が円滑な経済活動を行っていくには、ある商品やサービスに触れた際に、その商品やサービスが、誰が製造または提供したものか、質はどれくらいのものなのか、などの事柄がわかるシステムが必要である。

　商標制度は、商品やサービスに付される目印、すなわち商標を保護することを定め、その商標に対し、それが付された商品やサービスの出所を表示する機能、品質を保証する機能および広告機能をもたせ、商標を使用する者の業務上の信用の維持を図ることを通じて、産業の発達と需要者の利益を保護しようとするものである。

1　特許庁ホームページ・商標〈http://www.jpo.go.jp/index/shohyo.html〉参照。

■2　商標とは何か

　商標とは、事業者が自己の取り扱う商品またはサービスを他人の商品またはサービスと区別するためにその商品またはサービスについて使用するマーク（標章）をいい、文字、図形、記号やこれらの組合せ、またはこれに色彩を加えたものを指す。ロゴのように、文字と図形で意味をなすものを結合商標、図形だけで意味をなすものを図形商標、文字だけで意味をなすものを文字商標という。

　商標には、大きく分けると商品について使用する商標とサービスについて使用する商標の2つがある。特にサービスにして使用するマークを「サービスマーク」という場合もある。

■3　商品・役務

　商標権は、マークとそのマークを使用する商品・サービスの組合せでひとつの権利となっている。商標登録出願を行う際には、「商標登録を受けようとする商標」とともに、その商標を使用する「商品」または「サービス」を指定し、商標登録願に記載する。

　商標法では、サービスを「役務」といい、指定した商品を「指定商品」、指定した役務を「指定役務」という。この指定商品・指定役務によって権利の範囲が決まる。

■4　商標権の発生

　商標権は、商標を使用する者の業務上の信用を維持し、受領者の利益を保護するため、商標法に基づいて設定されるものである。商標権を取得するためには、特許庁へ商標を出願して商標登録を受けることが必要である。商標登録を受けないで商標を使用している場合、他社が先に同一または類似の商標の登録を受けると、先使用権（商標法32条）が認められない限り当該商標

の使用の継続が他社の商標権の侵害にあたる可能性がある。

商標登録が認められると、商標権が発生する。

■5　商標権の効力

商標権者は、指定商品または指定役務について、登録商標の使用をする権利を専有する（商標法25条）。「専有」とは、独占かつ排他的に使用できることをいう。さらに他人によるその類似範囲の使用を排除することができる（同法37条）。なぜなら、もし商標登録によって他人の使用を禁止できる範囲が同一商標・商品等に限られるなら、商標に化体された他人の信用の保護が全うされないからである。同法37条1号は、登録商標の類似商標の類似範囲における商標の「使用」行為を侵害行為とみなす規定である。すなわち、「指定商品若しくは指定役務についての登録商標に類似する商標の使用」および「指定商品若しくは指定役務に類似する商品若しくは役務についての登録商標若しくは登録商標に類似する商標の使用」は同号により侵害とみなされる。また、商標権の効力は日本全国に及ぶ。一方外国には及ばないため、外国で商標を用いて事業を行う場合は、その国での権利を取得しておかないと、保護を受けることができなくなるばかりか、侵害のリスクを負うことになる。

〔図表〕　商標権の効力が及ぶ範囲

商標権の効力が及ぶ範囲		指定商品又は役務		
^^	^^	同一	類似	非類似
商標	同一	専用権	禁止権	×
^^	類似	禁止権	禁止権	×
^^	非類似	×	×	×

×印の部分には、商標権の効力は及ばない。

出典：特許庁ホームページ〈http://www.jpo.go.jp/cgi/link.cgi?url = /seido/s_shouhyou/chizai08.htm〉

■6　商品と役務の類否

　商品と役務の類否を判断するに際しては、①商品の製造・販売と役務の提供が同一事業者によって行われているのが一般的であるかどうか、②商品と役務の用途が一致するかどうか、の2つの基準を総合的に考慮したうえで、個別具体的に判断される。ただし、類似商品・役務審査基準に掲載される商品と役務については原則として同基準によるものとされる[2][3]。

■7　商標権の効力が及ばない範囲（商標法26条）

　商標権は、指定商品または指定役務について登録商標の使用を独占し、その類似範囲について他人の使用を排除する権利だが、商標権の効力を一律に及ぼすと円滑な経済活動に支障を来すおそれがある場合には商標権の効力は及ばない（商標法26条）。商標法26条1項では、商標権の効力が及ばない範囲として、以下の商標を列挙している。

1号　自己の氏名、名称、著名な略称等を普通に用いられる方法で表示する商標
2号　指定商品やこれに類似する商品・役務の普通名称、品質表示語等を普通に用いられる方法で表示する商標
3号　指定役務やこれに類似する役務・商品の普通名称、品質表示語等を普通に用いられる方法で表示する商標
4号　商品や役務についての慣用商標
5号　商品やその包装の形状で、それらの機能を確保するために不可欠な立体的形状のみからなる商標

　商標法26条の規定が設けられた趣旨は、一般に①本来審査の過程で拒絶されるべき商標が過誤によって登録された場合などの過誤登録の場合、②登録

2　〈http://www.jpo.go.jp/shiryou/kijun/kijun2/ruiji_kijun10.htm〉
3　商標審査基準第3九「第4条第1項第11号（先願に係る他人の登録商標）」〈http://www.jpo.go.jp/shiryou/kijun/kijun2/pdf/syouhyou_kijun/20_4-1-11.pdf〉

商標そのものではなく、類似商標に禁止的効力（商標法37条1号）を及ぼすことが適当でない場合、③いったん商標登録された後で普通名称化したり識別性を欠くようになり、禁止的効力を及ぼすことが適当でない場合に、第三者による使用を確保しようというものである。[4]

---

[4] 小野昌延編『注解　商標法〔新版〕上巻』691頁。しかし、小野氏は、商標法26条1項1号の趣旨は、本来的に商標権の侵害を構成する行為について、その侵害の成立を阻却する規定であり、同項2号～4号は、識別機能をもたない商標使用のうち典型的な行為類型をあらかじめ明示し、商標権者が過大な権利主張を行うことを予防すること、5号は特許庁の過誤等による商標登録を防ぎ、商標権侵害を阻却する事由を定めた特別規定であると解釈している。

(2) 商標登録の手続

Q41 PB「ベター・バリュー」で扱う商品およびサービスに商標登録をしたいと考えています。具体的にどういう手続をとればよいでしょうか。

A 商標登録は、特許庁に対し、オンラインまたは出願書類の提出のいずれかの形態で行います。特許庁の審査官は出願された商標が登録要件を満たしているか検討し、満たしていると判断した場合は、登録査定を行います。その後出願者が登録料を納付すると、登録商標が商標公報によって公開されます。

■1　出願方法

　商標の出願は、特許庁に対し、オンライン、または書面によって行われる。オンライン手続の場合は、図面等を含めすべて電子化し、インターネットにより特許庁に出願する。書面手続の場合は必要書類を特許庁まで持参あるいは郵送する。出願用電子出願ソフトは、独立行政法人工業所有権情報・研修館ウェブサイトからダウンロードでき、出願方法も同サイトに詳しく説明がされている。[1]

■2　出願書類の作成

　商標登録願には、「商標登録を受けようとする商標」「指定商品又は指定役務」にあわせて、「区分」も記載しなければならない。「区分」とは、商品・役務を一定の基準によってカテゴリー分けしたもので、第1類から第45類ま

1　〈https://dl-sv1.pcinfo.jpo.go.jp/update/index.html〉

である。[2]

■3　一商標一出願の原則

　1つの商標につき1つの出願を行う。本問で「ベター・バリュー」をPBとして取扱商品の商標登録の出願をする場合は、以下のように、ベター・バリューの商標を付す指定商品とその区分を、「商標登録をうけようとする商標：ベター・バリュー」の下に一覧にし、1つの出願でまとめて行う。

[出願例]

```
出願1.【商標登録をうけようとする商標】：ベター・バリュー
　　　　第29類
　　　　【指定商品（指定役務）】：乳製品、食肉、卵、冷凍野菜
　　　　第30類
　　　　【指定商品（指定役務）】：菓子、調味料
　　　　第31類
　　　　【指定商品（指定役務）】：ビール、清涼飲料水
```

■4　出願後から商標登録まで

　出願が受け付けられると、直ちに出願番号が付与される。出願が完了すると、約1か月で出願公開される。出願された商標は、公開商標公報によって公開される。特許庁の審査官は、出願された商標が登録要件を満たしているか審査し、満たしていないと判断されると、出願者に拒絶理由通知書が発送される。

　拒絶理由通知に対しては、意見書や手続補正書を提出して、拒絶理由の解消をめざす。拒絶理由が解消されない場合は、出願は拒絶審査とされるが、審査官の拒絶査定の判断に不服があるときは、拒絶査定不服の審判請求をすることができる（商標法44条）。請求不成立の審決が出た場合は、知的財産高

2　〈http://www.jpo.go.jp/cgi/link.cgi?url＝/seido/s_shouhyou/chizai08.htm〉

等裁判所（東京高等裁判所の特別支部）に審決取消訴訟を提起することができる。

登録要件を満たしていると判断した場合は登録査定を行う。登録査定後、登録料を納付することによって商標権が成立し、登録商標が商標公報によって公開される[3]。

■5　先願主義

商標出願は、出願した日の早い順に審査される。同一または酷似する商標の出願が競合した場合は、出願日の早いほうが優先して登録される（商標法8条）。同じ出願日に同一または類似する商標の出願が競合した場合には、当事者が協議をして決める。協議がまとまらない場合は、くじによって登録される商標が決まる。

■6　商標の存続期間と更新

商標権の存続期間は商標登録の日から10年である（商標法19条）が、登録商標を使用する限り何度でも更新が可能である。更新には、商標権者の氏名、商標登録番号等を記載して更新登録申請書を特許庁に提出する。更新登録申請は、原則として商標権の存続期間満了前の6か月前から満了日までに行わなければならない。

■7　出願・登録されている商標を調べたい場合

最初に「ベター・バリュー」という商標ですでに商標登録されているか、あるいは出願されているか、特許電子図書館[4]の「商標検索」において簡単な商標調査を行うことができる。

---

[3] 〈http://www.jpo.go.jp/cgi/link.cgi?url＝/tetuzuki/t_gaiyou/shouhyo.htm〉

[4] 〈http://www.ipdl.inpit.go.jp/homepg.ipdl〉

(3) 小売業役務商標制度

Q42 当社は全国的にスーパーマーケットやコンビニエンス・ストアを展開する小売業者です。このたび、70歳以上の客はあらかじめ登録し、登録カードの発行を受けることにより、30分を限度に200円の対価で当社店員が買い物に同行して買い物をサポートする顧客サービスを展開することにしました。このサービスを指定役務として商標登録できますか。

A できます。従来、小売業者等が行う役務（サービス）は商標上の役務に該当しないという扱いがされており、小売業者等が使用できる商標は、商品に対する商標のみでした。

しかし、平成18年の法改正によって、小売業者の接客サービス等も小売等役務商標として商標登録ができるようになりました。

■1 役務商標の役務（サービス）とは

商標には、商品商標と別に役務（サービス）商標がある。

役務（サービス）とは、他人のためにする労務または便益であり、独立して商取引の目的たりうるものをいう。具体的には、広告、飲食、宿泊、輸送等の事業者が需要者に提供する役務である。商品の販売または役務の提供等に付随して提供される商品の無料配送や修理、ホテル業者のバスによる送迎等は独立して商取引の目的となるものではなく、付随サービスであり、運送サービスには含まれない[1]。

また、商品と役務の一番大きな違いは、取引の対象が有体物か無形の役務

---

1 小野昌延＝三山峻司『新・商標法概説〔第2版〕』211頁。

かという点である。また、役務については実際に物が移動するという観念がないことから、商品商標の機能である、有体性、流通性はない。一方、役務商標の役務に該当するには、役務が有償であることが必要なのは、商品商標と同じであり、無償のボランティアのようなものは商標上の役務に該当しない。

役務について商標が認められるものは、商標法施行規則の別表に一覧されているが、平成18年の法改正までは、商標登録可能な指定役務から除外されていた。

■2　小売等役務商標制度導入の背景

平成18年の改正前は、小売業者が行う、店舗設計、品揃え、商品展示、接客サービス等の顧客に対するサービス活動は、商品を販売するための付随的なサービスにすぎず、当該サービスに対して直接的な対価の支払いが行われていないことから、商標上の「役務」には該当しないとされていた。そのため、小売業者がサービス活動に使用する商標は、平成19年4月1日より前までは「役務」に係る商標として保護されていなかった。

このように小売業者等が使用できる商標は、商品商標に限られており、商品には該当しないショッピングカート等に表示する商標は保護されていなかった。

そのような中、商品の販売に付属するサービスについての商標も保護する目的で、また、接客サービス等も保護される国際情勢との調和も図って、小売等役務商標制度が導入された。

■3　小売等役務商標制度とは何か

小売等役務商標制度とは、商標の使用の定義の中の「役務」に小売役務が含まれるように、商標法2条2項を改正することで登録が認められた小売サービスマークの制度を指す。

改正後の商標法2条2項に規定される「小売及び卸売の業務において行われる顧客に対する便益の提供」の具体的な例示は、商標法施行規則別表第35類に規定されている。現在、商標上の役務は同規則別表第35類から第45類に分類されている[2]。

　小売等役務商標制度の導入によって、百貨店やスーパーマーケット等の大型小売店では、各種の顧客サービスについても商標登録が可能となった。また、商品には該当しないショッピングカート、買い物かごや店員の制服等に表示する商標も包括的に保護されることになった。さらに、小売等役務商標として登録する場合は、その取扱商品が多種類の商品分野に及ぶ場合でも、小売業者等が自己の商標を小売役務に係る商標として商標登録する場合には、第35類という1つの区分に出願すればよいので、取扱商品の範囲に応じて区分の数が多くなり、出願手数料や登録料等の負担が大きくなることはない。

■4　小売等役務商標制度のメリット

　小売等役務商標制度の導入によって、小売業者は必ずしも商品商標と小売等役務商標の双方を登録しなければならないとは限らない。

　しかし、小売等役務商標を得ることによって、店舗に設置されたショッピングカートや買い物かごに名称を表示したり、接客する店員の名札に社標を

2　第35類：「広告、事業の管理又は運営、事務処理及び小売又は卸売の業務において行われる顧客に対する便益の提供」など。第36類：「金融、保険及び不動産の取引」など。第37類：「建設、設置工事及び修理」など。第38類：「電気通信」等。第39類：「輸送、こん包及び保管並びに旅行の手配」など。第40類：「物品の加工その他の処理」など。第41類：「教育、訓練、娯楽、スポーツ及び文化活動」など。第42類：「科学技術又は産業に関する調査研究及び設計並びに電子計算機又はソフトウェアの設計及び開発」など。第43類：「飲食物の提供及び宿泊施設の提供」など。第44類：「医療、動物の治療、人又は動物に関する衛生及び美容並びに農業、園芸又は林業に係る役務」など。第45類：「冠婚葬祭に係る役務その他の個人の需要に応じて提供する役務（他の類に属するものを除く。）、警備及び法律事務」など。

表示するような商標は、小売等役務という「役務」について使用する商標と認められることから、商標法により保護されるというメリットがある。

　小売業者でも、商品の製造をしていたり、PBを管理している場合は、値札、タグ等に使用するだけでなく、商品そのものに商標を刻印、印刷、あるいは縫い込むことが考えられる。

　小売等役務の商標権を取得しただけで、小売店のPB商品のすべてについて商標権が発生するわけではなく、このように個々の商品の商標を保護するには、各指定商品についての商標権の取得が必要であることには注意が必要である。

(4) 商標登録の要件

Q43 当社は全国的にスーパーマーケットやコンビニエンス・ストアを展開する小売業者ですが、このたび、PBを立ち上げようと企画しており、現在PBの名前を検討しています。商標登録を行う予定でいますので、商標登録可能な名前を選びたいと思っています。商標登録を行うことを視野に入れた場合、すでに同一の商標が登録あるいは出願されているかいないか調査すること以外に、考慮しなければならないことはありますか。

A 商標登録にはいくつか条件があり、それらの条件を満たしていないと出願しても登録されません。他の商標との識別性を有し、公益性に反せず、他の商標と類似性がないことが必要です。

■1 出願しても登録にならない商標

　特許庁は、出願された商標が登録できるものか否かを、商標法に従って審査するが、次の①〜③に該当する商標[1]は登録を受けることができない。
① 自己と他人の商品・役務（サービス）とを区別することができないもの
② 公共の機関の標章と紛らわしい等公益性に反するもの
③ 他人の登録商標や周知・著名商標等と紛らわしいもの

---

1 特許庁「出願しても登録にならない商標」〈http://www.jpo.go.jp/tetuzuki/t_gaiyou/mitoroku.htm〉参照。

1 (4) 商標登録の要件／Q43

■2 ①自己と他人の商品・役務（サービス）とを区別することができないもの（識別性を欠く商標）

商標法3条1項1号～6号に規定されているものがあたる。
ⓐ 普通名称
　普通名称を普通に用いられる方法で表示する標章のみからなる商標（商標法3条1項1号）
　　例：指定商品が「お茶漬けのり」（第29類）であって、出願商標が「お茶漬けのり」のように、指定商品と同一の商標の場合など
ⓑ 慣用商標
　その商品または役務について慣用されている商標（商標法3条1項2号）
　もともとは識別性を有していたが、同業者間で普通に使用されるようになったため、もはや識別性を有しない商標
　　例：指定商品「清酒」に使用する商標として「正宗」、指定役務「宿泊施設の提供」に使用する商標として「観光ホテル」を出願する場合など。
ⓒ 商品／役務の品質等
　単に商品の産地、品質等または役務の提供の場所等のみを表示する商標（商標法3条1項3号）
　　例：指定商品「菓子」に使用する商標として「東京」、指定商品「シャツ」に使用する商標として「特別仕立」を出願する場合など
ⓓ ありふれた氏または名称
　ありふれた氏または名称のみを表示する商標（商標法3条1項4号）
　　例：電話帳において同種のものが多数存在するもの、「山田」「スズ

---

2 ⓐ～ⓓまでの分類のタイトルおよび一部の例は小野昌延編『注解 商標法〔新版〕上巻』183頁参照。

キ」「田中屋」「佐藤商店」など
ⓔ　きわめて簡単かつありふれた商標
　　きわめて簡単で、かつありふれた標章のみからなる商標（商標法3条1項5号）
　　　例：かな文字の1字だけからなる商標、数字の1字または2字からなる商標
ⓕ　識別性のないその他の商標（商標法3条1項6号）
　　　例：標語、現元号など

■3　②公共の機関の標章と紛らわしい等公共性に反するものの例

商標法4条1項1号～7号、16号、18号、に規定されているものがあたる。
ⓐ　国旗、菊花紋章、勲章または外国の国旗と同一または類似の商標（商標法4条1項1号）。
ⓑ　外国、国際機関の紋章、標章等であって経済産業大臣が指定するもの、白地赤十字の標章または赤十字の名称と同一または類似の商標等（商標法4条1項2号～5号）
ⓒ　国、地方公共団体等を表示する著名な標章と同一または類似の商標（商標法4条1項6号）
ⓓ　公の秩序、善良な風俗を害するおそれがある商標（商標法4条1項7号）
ⓔ　商品の品質または役務の質の誤認を生じさせるおそれのある商標（商標法4条1項16号）
　　　例：指定商品「菓子」に使用する商標として「パンダアーモンドチョコ」を出願した場合、指定商品を「菓子」から「アーモンド入りチョコレート」に補正することによって、この規定による登録できない理由は解消することになる。

ⓕ　その他、博覧会の賞（商標法4条1項9号）と同一または類似の商標、商品または商品の包装の機能を確保するために不可欠な立体的形状のみからなる商標（同項18号）も登録を受けることができない。

■4　③他人の登録商標や周知・著名商標等と紛らわしいもの

商標法4条1項8号、10号、11号、12号、14号、15号、17号に規定されているものがあたる。

ⓐ　他人の氏名、名称または著名な芸名、略称等を含む商標（その他人の承諾を得ているものを除く）（商標法4条1項8号）

　　例：国家元首の写真やイラスト、著名な芸能人、スポーツ選手等

ⓑ　他人の周知商標と同一または類似の商標であって、同一または類似の商品・役務に使用するもの（商標法4条1項10号）

ⓒ　他人の登録商標と同一または類似の商標であって、指定商品・役務と同一または類似のもの（商標法4条1項11号）

ⓓ　他人の業務に係る商品または役務と混同を生ずるおそれのある商標（商標法4条1項15号）

ⓔ　他人の周知商標と同一または類似で不正の目的をもって使用する商標（商標法4条1項19号）

　　例：外国で周知な他人の商標と同一または類似の商標が日本で登録されていない事情を利用して、商標を買い取らせるために先取り的な出願をする場合など

ⓕ　その他、他人の登録防護標章[3]と同一の商標（商標法4条1項12号）、種苗法で登録された品種の名称と同一または類似の商標（同項14号）、真正な産地を表示しないぶどう酒または蒸留酒の産地の表示を含む商標（同項17号）も登録を受けることができない。

3　防護商標制度とは、一定の要件のもとに周知商標についての禁止権を非類似の商品または役務にまで拡張し、出所の混同の防止をさらに強化する制度である。

(5) 商標の識別性

Q44 当社はスーパーマーケットやコンビニエンス・ストアを展開している小売業者で、「ベター・バリュー」というPBで商標登録をしています。当社では、タカマ酒造株式会社が製造元の鍋の素を販売していますが、当該商品には、「タカマ本みりん入り」という標章がありました。先日タカマ醤油株式会社から、タカマ醤油株式会社は指定商品を「しょうゆ・だしつゆ等」とする「タカマ」の商標権者であるから、「タカマ本みりん入り」の標章の使用は、タカマ醤油株式会社の商標権侵害にあたるため、使用を中止するよう通知がありました。当社は「タカマ本みりん入り」の表示のある商品の販売を中止しなければなりませんか。

A 「タカマ本みりん入り」の著名さ、「タカマ本みりん入り」の表示の大きさ等の事情によれば、「タカマ本みりん入り」は「タカマ本みりん」が原料として入っていることを示す記述的表示であって、商標として使用されたものではないと判断される可能性があります。この場合は、貴社は「タカマ本みりん入り」の標章の使用を継続できます。

■1　商標の本質と識別性 （東京高判昭56・3・25無体集13巻1号333頁）

　商標の本質は、自己の商品を他人の商品と識別するための標識として機能することにあり、この自他商品の識別標識としての機能から、商標には出所表示機能、品質保証機能、広告宣伝機能等が生ずる。登録商標と同一または類似の商標を商品について使用する第三者に対し、商標権者がその使用の差止め等を請求できるためには、当該第三者の商標使用が、単に形式的に商品等に表示されているだけでは足りず、それが自他商品の識別標識としての機

能を果たす態様で用いられていることを要する。

■2　タカラ本みりん入り事件（東京地判平13・1・22判時1738号107頁）

本問類似の裁判例として、指定商品を「醤油、たれ」等として「タカラ」ほかの登録商標を有していた宝醤油株式会社（X）が、「タカラ本みりん入り」という表示を付して「煮魚お魚つゆ」という商品を販売していた寳酒造株式会社（Y）に対し、商標権侵害を主張して訴えた、「タカラ本みりん入り事件」がある。

当該判例では、「タカラ本みりん入り」の表示が、商標として使用されているのかが、争点のひとつであったが、裁判所は結論として、原材料表示のための使用であり、「タカラ本みりん入り」は、「タカラ本みりん」が原材料として入っていることを示す記述的表示にすぎず、「タカラ本みりん入り」は自他商品の識別機能を果たす態様で使用されたものではく、商標としての使用に該当しないと判断した。

裁判所は上記結論を導くにあたって、「煮魚お魚つゆ」という表示に対し、「タカラ本みりん」の文字が小さい文字で表示されていること、「タカラ本みりん」の部分は「入り」の部分と字体が異なっているため、「タカラ本みりん」の部分が一連のものと理解され、「タカラ」の部分のみが区別されるように記載されていないこと、標章の中央部分の右下に「寳酒造株式会社」というYの商号が記載されていること、Yが製造する「本みりん」は日本でトップシェアを有し、「タカラ本みりん」の商標は日本国内で著名であることなどが理由としてあげられている。

本問に関しては、本問類似の裁判例の判断によれば、タカマ本みりんの著名さ、国内のシェア、「タカマ本みりん」という表示の大きさや、「入り」という表示と差異があるか、等の事情が結論に影響すると思われる。

■3　使用による識別性

商標法3条1項3号から5号、具体的には、記述的商標、ありふれた氏、

名称からなる商標、きわめて簡単かつありふれた商標、に該当する商標であっても、長年の使用実績があり、特定の者の商品、役務であることが認識できるようになった場合、つまり自他商品の識別標識としての機能を果たすに至った場合は、商標登録が可能になる（商標法3条2項）。これを「使用による識別性」という。 使用による顕著性が認められた例としては、指定商品「メロン」について「夕張メロン」[1]などがある。

■4　商標の普通名称化

前掲■3「使用による識別性」とは逆に、登録時には、自他商品の識別標識としての機能を果たしていた商標でも、長年の使用により、一般名称化し、自他商品の識別標識としての機能が果たせなくなったものは、商標登録の要件を欠くことになる。

有名商標が普通名称化した裁判例としては、うどんすき事件（東京高判平9・11・27知的裁集29巻4号1290頁）があげられる。本裁判例の中で裁判所は、「うどんすき」はA氏が昭和3年から4年頃にかけて完成させた料理であり、その当時は、自他商品の識別機能を有するものであったが、次第に京阪神地区を中心にうどんを主材料とした鍋料理を意味する語として普及した結果、本件商標の登録査定時には、すでに本件商標の指定商品である「うどんめん、うどんめんを主材にした加工食料品」の一般需要者等の間で、「うどんを主材料とし魚介類、鶏肉、野菜類等の各種の具を合わせて食べる鍋料理」を意味するものとして広く認識されるに至ったと認定した。したがって、「うどんすき」はすでに普通名称化しており、その指定商品との関係においては自他商品の識別機能を有しないと判断した。

---

1 〈http://www.jpo.go.jp/tetuzuki/t_gaiyou/mitoroku.htm〉

(6) 立体商標

Q45 当社（A社）は全国的にスーパーマーケットやコンビニエンス・ストアでPB「ベター・バリュー」を展開していますが、このたび、独特の形状をしている容器を使って長年清涼飲料水を販売しているB社から、当社が使用している清涼飲料水の容器の使用はB社の登録済みの立体商標を侵害するものだとして、使用を中止するよう通知が届きました。当社が使用している清涼飲料水の容器は確かにB社が使用している容器と酷似していますが、「ベター・バリュー」の商標が入っています。当社は使用を中止しなければなりませんか。

A B社が清涼飲料水の容器に立体商標を登録しているならば、類似の容器の使用は商標権侵害となりますので、原則として貴社は当該容器の使用を中止しなければなりません。ただし、B社の立体商標には自他識別力がないことを理由に、B社の商標登録に対し、無効審判請求を申し立てて争うことも考えられます。

■1 立体商標とは

　平成8年改正前の商標法では、商標は平面的なものに限定され、立体的形状は商標の構成要素として認められていなかった。平成8年の改正によって、商標を構成する標章に立体的形状が追加され（商標法2条1項）、立体的形状や立体的形状と文字、図形、記号等の結合からなる立体商標（同法5条2項）も保護されることとなった。

　立体商標の成立要件は、①立体的形状からなる商標または立体的形状と文字、図形、記号もしくは色彩またはこれらの結合からなる商標であること

（商標法2条1項・5条2項）、②業として商品を生産等または役務を提供等する者がその商品または役務について使用するものであること（同法2条1項1号・2号）である。

自己の商品・役務と他者の商品・役務を識別することが商標の本質的機能であるところ、商品の容器の形状は、商品の出所を識別するものではないため、識別性を欠く場合が多い。しかし、長年特定の形状が使用され続けると、文字商標がなくても、容器等の形状をみただけで、どこのメーカーの商品であるか識別できるようになる。つまり、容器の形状が商品識別の機能を果たしうるようになった場合、商標法3条2項の「使用による識別性」が獲得されたことになる。

■2　立体商標の登録の可否が争われた裁判例

乳酸菌飲料の代表的商品「X」を販売するX社は、乳酸菌飲料を指定商品として、「X」の容器につき立体商標の商標登録出願をしたところ、請求不成立の審決を受けたため、X社が審決取消しを求めて提訴した事件（知財高判平22・11・16判時2113号135頁）で、裁判所は、X社の本願商標が商標登録を受けることのできない類型を定めた商標法3条のうち1項3号の「形状」に該当することを前提として、その例外である同条2項「使用による識別性」のあるものに該当すると判断し、審決を取り消した。

本裁判例は、「（立体商標）につき、商標法3条2項の適用が肯定されるためには、使用された立体的形状がその形状自体及び使用された商品の分野において出願商標の立体的形状及び指定商品とでいずれも共通であるほか、出願人による相当長期間にわたる使用の結果、使用された立体的形状が同種の商品の形状から区別し得る程度に周知となり、需要者が何人かの業務に係る商品であることを認識することができるに至っていることが必要と解される」と述べたうえで、容器等にその出所である文字商標等が付されていたとしても、そのことだけで商標法3条2項の適用を否定すべきではなく、当該

文字商標を捨象して残された立体的形状が、独自の自他商品識別力を獲得しているか否かを判断すべきであると述べた。

そのうえで、X社が当該容器を昭和43年以降、容器の形状を変更することなく長期にわたって使用していること、X社が多額の広告費を投じていること、アンケート調査において98％以上の需要者が当該容器をみて「X」を想起すると回答している点等を総合的にみて、本願商標の審決がなされた平成22年4月12日の時点では、本件容器の立体的形状は、需要者によってX商品を他社商品との間で識別する指標として認識されていたと認定した。

■3 本問についての検討

B社の容器の立体的形状が、需要者によってB社製品を他社製品との間で識別する指標として認識できるまでに至っている場合にはB社の商標権侵害となるためA社は使用を中止すべきであるが、そのような事情がなければ、これらを理由に、B社の商標登録に対し、無効審判請求の申立てを行うことが考えられる。

(7) 類似性

Q46 スーパーマーケットやコンビニエンス・ストアを展開する当社（A社）はPB「スーパーたくしす」を展開しており、取扱商品を指定商品として「スーパーたくしす」で商標登録をしています。ところが先日、小売業者のB社が「タクシス」という標章を使用して、菓子・パン類その他の食料品を販売していることが判明しました。当社はB社に対して「タクシス」の標章の使用を差し止めることができますか。

A 取引の実情によっては、「スーパーたくしす」と「タクシス」の間の類似性が認められ、標章の使用差止めができる可能性があります。

■1 類似性

　商標法37条1項は、商標権者は同一商標・商品（役務）だけでなく、その類似範囲の使用も排除することができる旨規定している。なぜなら、もし商標登録によって他人の使用を禁止できる範囲が同一商標・商品に限られるなら、商標に化体された他人の信用の保護が全うされないからである。

■2 類否の判断

　類似性を認めた審決を取り消した、氷山印事件最高裁判決は、商標の類否は、同一または類似の商品または役務に使用された商標が、その外観、観念、称呼等によって取引者、需要者に与える印象、記憶、連想等を総合して、その商品または役務に係る取引の実情を踏まえつつ全体的に考察し、取引の実情を明らかにし得る限り、具体的な取引状況に基づいての誤認混同を来すお

それがないものについては、類似の商標とすべきではない、と判断した（最三小判昭43・2・27判時516号36頁）。同最高裁判決は、外観、称呼、観念のいずれかに類似性が認められれば、商標が類似するとしたそれまでの考えを改め、取引の実情を踏まえた総合的考察が必要であると判断した。

なお、商標権の侵害判断における商標の類否については、大森林事件最高裁判決（最三小判平4・9・22判時1437号139頁）が上記氷山印事件最高裁判決の判断基準が侵害事件においても適用され、侵害事件でも同じように考えてよいことを初めて述べた判決とされている。[1]

■3 類否判断における「要部」

「つつみのおひなっこや」という本願商標と、「つつみ」および「堤」の引用商標の類似性が争われた事案において、結論を分けた知的財産高等裁判所も最高裁判所も、上記「氷山印」事件最高裁判決の判断基準によって判断した（最二小判平20・9・8判時2021号92頁、知財高判平19・4・10〈裁判所HP〉）。同じ判断基準を使いながら両判決の判断は分かれている。これは、商標のどこを「要部」とみるかが影響したものといわれている。[2]「要部」とは商標の出所指示機能のある部分のことであるが[3]、知的財産高等裁判所は「つつみ」を要部とし、両商標の類似性を肯定したのに対し、最高裁判所は、全体として「つつみのおひなっこや」を要部とみて、両商標の類似性を否定した。

■4 類似事件についての裁判例

小売役務商標「スーパー／みらべる」の登録拒否審決が争われた事例で商品商標「MIRABELL／ミラベル」と類似しているとした裁判例（知財高判平23・12・26〈裁判所HP〉）[4]では、裁判所は本願商標たる「スーパー／みらべ

---

1 牧野利秋「商標の類否判断の要件事実」パテント62巻13号73頁。
2 牧野・前掲〈注1〉72頁。
3 小野昌延＝三山峻司『新・商標法概説〔第2版〕』231頁。

る」と引用商標たる「MIRABELL／みらべる」とが、「ミラベル」という称呼において類似する場合がありえたとしても、外観においては本願商標は「スーパー」と「みらべる」が2段に表示され、鮮やかで明瞭な配色であり、引用商標とは著しく相違し、かつ引用商標は格別の観念を生じないので観念において類似するとはいえないと認定した。

　そのうえで、取引の実情として、「原告は、各店舗の出入り口の上部に、本願商標とほぼ同一の書体と色彩により『スーパーみらべる』の店舗名の表示を掲げるなどして、本願商標を顧客に対する便益の提供役務に使用している実情があり、引用商標と類似する使用態様がされているとの事実は存在しない」とし、結論として、本願商標がその指定役務である「『飲食料品』……の小売又は卸売の業務において行われる顧客に対する便益の提供」に使用される場合に、引用商標との間で商品ないし役務の出所に誤認混同を生じさせるおそれはないとして、両商標の類似性を否定し、原審決を取り消した。

■5　本問についての検討

　類似裁判例の判断に沿って本問を検討すると、まず、「スーパーたくしす」の商標が1段に表示されている場合、類似裁判例における「スーパー／みらべる」が2段に表示されている例と異なるため、外観において著しく異なるとまではいえない可能性がある。観念については、類似性は否定される可能性が高い。称呼については、商標の要部をどこととらえるかにもよるが、「たくしす」が要部であれば、両商標の呼称は類似するとの判断になる可能性がある。そのうえで取引の実情を加味して、商品の陳列や展示等の方法によって、判断が分かれる可能性がある。本問では、A社の指定商品が一部B社の指定商品と重なっていることから、取引の形態等が近似する場合があり、両商標の類似性が認められ、差止めができる可能性がある。

4　ただし、本裁判例では、第35類の小売役務商標と、第30類等の商品に使用される商標の類似性が争われた点は本問と異なる。

(8) 商標権侵害時の法的救済

Q47 当社（A社）は「ベター・バリュー」の商標で、取扱商品に商標登録を受けたところ、B社が無断で「ベター・バリュー」の標章を付して商品を販売していることが判明しました。当社はB社に対してどんな法的措置をとることができますか。

A 「ベター・バリュー」の商標使用の差止請求、損害賠償請求、謝罪広告の請求（信用回復のための措置）、不当利得返還請求が考えられます。

■1　商標権の侵害

　商標を登録すると、商標権という独占排他権が成立し、商標権者だけが商標を使用できる。第三者は原則として同一または類似する商標が使用できなくなり、無断で使用すると商標権の侵害となる。

　本問では、A社が「ベター・バリュー」の商標で商標登録を受けて商標権を有しており、B社が「ベター・バリュー」の商標を無断で使用することは、A社の商標権を侵害する行為となる。

■2　商標権侵害に対する救済措置

　具体的な救済措置には以下のようなものがある。

(1)　差止請求（商標法36条）

　商標権侵害行為に対する差止めの態様としては、侵害行為がすでに行われている場合だけでなく、侵害のおそれがある場合にも、侵害の停止・予防を請求することが可能である。

また、侵害請求を行う場合には、侵害者が、自己の行為が他人の商標権を侵害する行為であることを知っているか、あるいは、知らないことに過失があることは要件ではない。

　本問で、仮にB社が、A社の商標権の存在を知らないで「ベター・バリュー」の商標を使用している場合も、A社はB社に対し、商標権使用の差止めを請求することができる。

(2) 損害賠償請求

　商標権を侵害された場合、商標権者は侵害者に対して、損害賠償請求が可能であるが、侵害行為と損害との間の因果関係や損害額を立証することは容易ではない。このため商標法には、商標権者の立証負担を軽減する規定がおかれている（商標法38条）。

　商標法38条１項は、逸失利益の推定規定であり、侵害者が譲渡した数量に権利者が販売し得た単位数量あたりの利益額を乗じた額が損害額であると推定している。ただし、侵害商標を付した商品と商標権に係る商標を付した商標権者の商品との間において、市場における代替関係が存在することが、同項による損害の算定をする前提となる（〔メープルシロップ事件〕東京高判平14・9・26〈裁判所HP〉）。

　商標法38条２項は、侵害行為により侵害者が得た利益の額を、侵害によって権利者が受けた損害の額と推定する規定である。

　仮に利益額が立証できなくても、登録商標の使用料相当額を損害額として請求できる旨定めるのが商標法38条３項であるが、侵害者が商標として使用した場合でも、当該登録商標に顧客吸引力がまったく認められず、登録商標に類似する標章を使用することが第三者の商品の売上げにまったく寄与していないことが明らかなときは、実施料相当額の損害もないとされる（〔小僧寿し事件〕最三小判平9・3・11民集51巻3号1055頁）。

　また、他人の商標権を侵害した者は、侵害について、過失があったものと推定されるため（商標法39条が準用する特許法103条）、商標権者は、侵害者の

過失を証明する必要はない。

(3) 信用回復措置請求

　侵害行為により害された業務上の信用を回復するための措置を請求することができる（商標法39条が準用する特許法106条）。具体的には、侵害者の粗悪品によって、商標権者の業務上の信頼が害されたと評価できれば、謝罪広告の掲載などの措置を求めることができる。

(4) 不当利得返還請求

　侵害行為により、利益を受けた者に対して、商標権者が被った損失を不当利得（民法703条）として返還請求することが可能な場合もある。

(5) その他、刑事責任の追及

　その他、民事上の救済措置とは別に、商標権の侵害者に対して、刑事責任追及、つまり告訴することが考えられる。

　商標権を侵害した者は、5年以下の懲役または500万円以下の罰金に処するとされている（商標法78条）。侵害者が法人の場合は、その業務に関して侵害行為を行った場合、実行行為者の処罰に加えて、罰金刑が科される、いわゆる両罰規定もおかれている（同法82条）。

■3　侵害行為発覚時にまずすべきこと

　商標権の侵害があった場合、弁護士に相談のうえ、まずは侵害者に対し、商標の使用を中止するよう警告書を書くべきである。それでも侵害行為を中止しない場合は、弁護士に依頼し、事案に応じて上記の法的手段をとるべきであろう。

(9) 先使用権・中用権

Q48 当社（A社）は、10年前から「ベター・バリュー」という標章でPBを展開し、取扱商品にも「ベター・バリュー」と印字して販売していましたが、商標登録をしていませんでした。

すると、最近B社が「ベター・バリュー」という商標登録を先に行ってしまいました。当社は「ベター・バリュー」の商標をもはや使用することはできないのでしょうか。

A B社が商標登録の出願を行った際に、貴社の商標が周知になっていた事情があれば、貴社は商標権なくして、「ベター・バリュー」の商標を継続して使用することができます。

■1 先使用権とは何か

先使用権とは、他人が商標登録を受けている商標について、当該他人が当該商標を出願する前からこれと同一または類似の商標を使用していて、かつそれが周知（自己の業務にかかる商品・役務を表示するものとして需要者の間に広く認識されていること）になっている場合に、引き続き自己の商標を使うことが認められる権利をいう（商標法32条）。

■2 先使用権が認められるための要件

①他人の商標登録出願前から、日本国内において、指定商品もしくは指定役務と同一または類似する商品もしくは役務に、登録商標と同一または類似する商標を不正競争の目的ではなく使用しており、②他人の商標出願の際に、その商標が自己（先使用者）の業務にかかる商品または役務を表示するもの

として需要者の間に広く認識されており、③その者が継続してその商品または役務に当該商標を使用している場合は先使用権が認められる[1]。先使用権が認められた裁判例としては、ケンちゃん餃子事件（大阪地判平21・3・26判時2050号143頁）がある。本事案では、Yは「ケンちゃんギョーザ」の商標で指定商品「ぎょうざ」について平成8年12月に出願し平成10年12月に登録を受けていた。これに対し、ケンちゃん餃子株式会社（X）は標章「ケンちゃん餃子」を使用しており、Yの出願時において、すでに「ケンちゃん餃子」は周知されていたと判断され、Xによるケンちゃん餃子の先使用権が認められた。

■3　本問についての検討

本問で、B社が商標登録を出願する前から、A社の『ベター・バリュー』がA社の業務にかかる商品・役務を表示するものとして、顧客等の間に広く認識され、A社に当該商標の使用に不正競争の目的がなかった場合、A社が継続して「ベター・バリュー」の商標を使用することができる。

■4　中用権とは何か

中用権とは、商標登録後無効審判請求の登録までの間に、善意で登録商標を使用してきた者を保護するためにこれまで使用してきた商標の使用を認める権利のことをいう（商標法33条）。

■5　先使用権と中用権の共通点

先使用権も中用権も、商標の使用をする権利であり、商標権者から許諾を受けるのではなく法律上の要件を備えると当然発生し、他人の登録商標を使用できる権利である点で共通する。商標権者は、先使用権・中用権を有する者に、商標権の使用を禁ずることはできず、商標権の効力は制限される。

1　小野昌延＝三山峻司『新・商標法概説〔第2版〕』295頁。

第4章　PB商品の販売段階における法律問題

(10)　国際登録出願

Q49　全国的にスーパーマーケットやコンビニエンス・ストアを展開する小売業者の当社は、PB「ベター・バリュー」の商標で取扱商品に商標登録を受けています。今回当社はアメリカ、イギリス、中国にもスーパーマーケットをオープンする計画を立てており、同じPB「ベター・バリュー」の商標でアメリカ、イギリス、中国でも取扱商品に商標登録の出願を行いたいと思っています。どういう方法がありますか。

A　商標の保護は世界的に属地主義が採用されており、それぞれの国の単位でそれぞれの法律に従った保護がなされることになるため、海外でビジネスをする場合は、模倣品対策のためにそれぞれの国への出願が必要となります。しかし、マドリッド協定議定書による国際登録出願によれば1つの出願手続で複数の国での出願が可能となります。

■1　マドリッド協定議定書による国際登録出願制度とは

　商標には、マドリッド協定議定書（マドリッドプロトコル）による国際登録出願制度がある。国際登録とは、マドリッド協定議定書およびマドリッド協定に基づく商標の国際登録のことで、スイス国ジュネーブにある世界知的所有権機関（WIPO）が国際事務局として管理している。イギリス、ドイツ、イタリア、アメリカ、韓国、中国など2013年8月現在で91か国がこの制度に加盟している。日本は2000年3月14日に加盟した。

　この制度に加盟している国に商標を出願したい場合、日本に同じ商標出願や登録があれば、これを基に日本の特許庁を通じて国際事務局に国際登録出願できる（商標法68条の2）。1つの出願手続で複数の保護を求めたい国を指

定して国際登録出願が可能である。

■2　国際登録

　国際登録出願がされると、特許庁長官は、願書等を国際事務局に送付する（商標法68条の3）。国際事務局で国際登録がされると、国際登録日に各指定国に出願されたとみなされる。

　本問の、アメリカ、イギリス、中国はいずれもマドリッド協定議定書の加盟国であるから、A社は、アメリカ、イギリス、中国を指定して、日本ですでに商標登録している『ベター・バリュー』を基礎にして、特許庁を通じて国際事務局に国際登録出願ができる。ただし、国際登録は、国際事務局の管理する登録簿に記録されたことを意味し、直ちにすべての加盟国で保護が約束されるわけではない。指定した国（事後の指定追加も可）の官庁に指定があった旨の通知がなされ、各国の法律に従った審査がなされたうえで、保護されないときには出願人にその旨が通知される。

■3　国際商標登録出願

　日本の特許庁を通じた国際登録出願とは異なり、日本以外の締約国の1つにすでにされている出願・登録を基礎にして、マドリッド協定議定書の加盟国の中の指定国を定めて、国際出願する方法がある（商標法68条の9）。出願は基礎登録・出願のされている国の官庁を通してWIPOになされ、ここで国際登録がされる。

　本問では、すでに商標登録がされているのは日本であるから、日本の特許庁長官を通じた国際登録出願の方法が選ばれる事案である。

2　PB商品の販売と公正競争の確保

(1)　不正競争防止法の概要

Q50　不正競争防止法とはどのような法律ですか。

A　資本主義社会であるわが国では、憲法で事業者の営業の自由が保障され（憲法22条1項参照）、自由競争が確保されていますが、自由競争は無制限に保障されているわけではありません。公正な競争秩序の維持を阻害する不正な競争を規制する法律の1つが不正競争防止法です。同法には、不正競争に該当する行為が規定されており、不正競争行為に該当すれば、被侵害者から、差止請求や損害賠償請求を受けることがあります。

■1　不正競争防止法の特徴

　不正競争防止法は違法な行為を直ちに取り締まり、損害を早急に回復する目的で、民法にはない特別な規定が定められている。特徴的な規定として、差止請求権（不競法3条1項）、廃棄除却請求権（同条2項）、損害額の推定（同法5条）、信用回復請求権（同法14条）などである（→本章Q56）。

■2　不正競争行為（不競法2条1項各号）の類型[1]

　不正競争防止法は下記の行為を不正競争行為と定めている。これらの行為

1　寒河江孝允編著『不正競争の法律相談』8頁。

類型は、企業等が長年の営業活動等によって築き上げたブランドのもつ名声や信用にフリーライド（ただ乗り）し、競争秩序の維持を害するものだからである。

(1) 同一または類似の商品等表示を使用する行為

他人が自己と同一または類似の商品等表示を使用する行為として、①周知表示混同惹起行為（1号）（→本章Q51）、②著名表示冒用行為（2号）（→本章Q52）がある。①②は周知になっている商品等表示を一定の要件のもと保護するものであるが、②は特に商品等表示が著名である場合に、「混同」の要件を不要にしたものである。

また、③ドメイン名不正取得使用行為（12号）としては、他人の商品等表示と同一または類似の表示をインターネット上のホームページのアドレスに関して使用する行為を禁じている。さらに、④代理人等商標無断使用行為（15号）としては、外国製品の輸入代理店がその外国メーカーの許諾を得ずに無断でその外国商標を他の商品に使用等する行為も禁じられている。

(2) 商品の形態を模倣する行為（→本章Q53）

①商品形態模倣行為（3号）として、他人の商品の形態を模倣した商品をつくったり、売ったりする行為が禁じられている。ただし、商品の形態が実質的に同一の場合に限られ、また発売から3年に限られる（不競19条1項5号イ）。また、商品の形態が他の商品と識別しうる独特の特徴を有し、かつ、商品の形態が、長期間継続的かつ独占的に使用されるか、または、短期間であっても商品形態について強力な宣伝等が伴って使用されたような場合は、「形態周知」として、②周知表示混同惹起行為（1号）または③著名表示冒用行為（2号）に該当する場合がある。

(3) 営業秘密を害する行為（→本章Q54、Q56■6）

企業内部で秘密として管理されている情報を盗み出したり、盗んだ情報を他人に開示したりする行為も不正競争行為として列挙されている（4号〜9号）。

(4) 著作権侵害予備的行為

ビデオやDVDのコピープロテクトを無効にする機能を有する機器やプログラムを譲渡等する行為（10号）や、コンテンツ提供事業者がかけている暗号等を解除してしまう機能を有する機器やプログラムを譲渡等する行為（11号）は、著作権侵害の予備的行為にあたり、禁じられている。

(5) 商品役務の品質、内容等を誤認させる行為

商品やサービスの品質、内容等を誤認させるような表示をする行為も禁じられている（13号）。

(6) 営業誹謗行為（→本章 Q55）

競争関係にある他人の営業上の信用を害する虚偽の事実を告知・流布する行為も、営業誹謗行為として禁じられている（14号）。

■2　不正競争に対する法的救済（→本章 Q56）

不正競争防止法は、これらの不正競争に対し、競争事業者からの差止請求権、損害賠償請求権、信用回復請求権等認めている。また、一部刑事罰の対象とされている。

(2) 周知表示混同惹起行為

Q51 当社（A社）は、全国的にスーパーマーケットやコンビニエンス・ストアを展開する小売業者ですが、PB「ハッピーマーケット」を立ち上げようと企画しています。「ハッピーマート」は全国的に有名なスーパーマーケットの商号ですが、当社が「ハッピーマーケット」というPBを使用することに何か問題はありますか。

A 不正競争防止法上の周知表示混同惹起行為にあたり、貴社はハッピーマート社より、名称使用禁止の差止請求や、損害賠償請求を受ける可能性があります。

■1 周知表示混同惹起行為（不競法2条1項1号）とは

　周知表示混同惹起行為とは、他人の商品等表示（人の業務に係る氏名、商号、商標、標章、商品の容器、包装等、商品の出所または営業の主体を表示するものをいう）として、一般の人々に広く知られているものと同じまたは類似の表示を使って、その商品の出所または営業の主体について混同を生じさせる行為を指す。他人の周知な表示に化体した他人の信用（グッドウィル）にフリーライドして顧客を獲得することは、取引秩序を害する行為として差止請求や損害賠償の対象とされている。

　周知表示混同惹起行為に該当する場合とは、①商品等表示にあたり、②商品等表示が周知であり、③類似する表示を使用し、④混同が生じる場合である。各要件に対する各裁判例の解釈は以下のように整理されている。[1]

---

1 出澤秀二ほか『不正競争防止法の実務』6頁。

① 商品等表示

　ここでいう商品等表示とは、商品の出所または営業の主体を示す表示をいう。具体的には、人の業務に係る氏名、商号、商標、標章、商品の容器、または包装等を指す。

② 周知性

　周知表示混同惹起行為の場合は、登録によって保護される登録商標とは異なり、商品等表示が商標として登録されていない場合でも差止請求権等が認められることから、対象の商品等表示が消費者の間で「周知性」すなわち、「広く認識されている」ことが要件とされている。

③ 表示の類似性

　類似性の判断対象は、問題とする2つの商品等表示の「外観」「呼称」「観念」の3要素に基づく印象、記憶、連想などから、両者が全体的に類似のものと受け取られるおそれがあるか否かを基準とする。

④ 混同

　ある事業者の商品または営業を、他の事業者の商品または営業と混同することを意味する。なお、現実に混同が生じていなくても、混同のおそれがあれば足りる。

■2　商号の類似性・混同が争われた最高裁判例

　Xが「マンパワー・ジャパン株式会社」の商号およびその通称である「マンパワー」という名称を用いて事務処理請負業を営んでいたところ、Yが、Xと同様の事務処理請負業を「日本ウーマン・パワー株式会社」の商号を用いて行っていた事案（最二小判昭58・10・7民集37巻8号1082頁）で、Xが、Yに対し、Yの行為が周知表示混同惹起行為にあたるとして、Yによる商号の使用差止め等を求めた事案である。

　本事案で最高裁判所は、周知表示混同惹起行為に該当するか否かの判断にあたっては、「取引の実情のもとにおいて、取引者、需要者が、両者の外観、

呼称、又は観念に基づく印象、記憶、連想等から両者を全体的に類似のものとして受け取るおそれがあるか否かを基準として判断する」と述べたうえで、「商号の要部」は、周知のものとなっていた通称の「マンパワー」という部分であるのに対し、Yの商号の要部は「ウーマン・パワー」という部分であるというべきところ、両者は「マン」と「ウーマン」の部分で相違するが、現在の日本における英語の普及度からすれば、「マン」という英語は人をも意味し、「ウーマン」を包摂する語として知られ、また、XとYの需要者層も共通していることを考慮すると、両者の需要者層においては、両者の商号は全体として類似していると受け取られるおそれがある、と判断した。

■3 本問についての検討

「ハッピーマート」は商号であるため、商品等表示には該当する。また、「ハッピーマート」は「全国的に有名な」スーパーマーケットであることから、一般に「広く認識されて」いるといえ、周知性は認められる。

ハッピーマーケットとハッピーマートの類似性については、いずれも「ハッピー」の部分は同じであり、「マーケット」と「マート」部分のみが異なる。この異なる部分の外観をみると、いずれもカタカナで、「マー」から始まり「ト」で終わることも共通しており、外観も呼称も似ている。さらに、「マーケット」と「マート」が英語でどちらも「市場」を意味する点で共通しており、観念の類似性も認められうる。

商標の「要部」がどこかを考えた場合、要部はともに「ハッピー」であり、類似性は認められると思われるが、仮に要部が「マーケット」と「マート」と解釈されても、上記検討のように、要部の類似性は認められると思われる。

以上より、A社が「ハッピーマーケット」のPBを使用することは、「ハッピーマート」との周知表示混同惹起行為にあたる可能性がある。

(3) 著名表示冒用行為

Q52 当社（A社）は、食品に特化したPB「メモリアーゼ」を立ち上げようと企画しています。「メモリアーゼ」は世界的に有名なフランスの鞄のメーカーと同一の名称ですが、当社は鞄の販売は予定していません。当社が「メモリアーゼ」というPBを使用することに何か問題はありますか。

A 不正競争防止法上の著名表示冒用行為にあたり、貴社はメモリアーゼ社より、名称使用禁止の差止請求や、損害賠償請求を受ける可能性があります。

■1 著名表示冒用行為（不競法2条1項2号）とは

事業者がさまざまな営業努力やメディアを通じてブランドイメージを確立すると、当該ブランドイメージそのものが顧客吸引力を有するようになる。本規定は、第三者がそのブランドイメージや名声に「フリーライド（ただ乗り）」することを禁止するものである。

要件としては、①「著名」であること、②商品等表示があること、③表示の同一・類似性があることである。

不正競争防止法2条1項1号が、「混同」を要件としているのに対し、2号では、混同は要件となっていない点が異なる。

■2 著名な商品等表示とは

著名表示の冒用行為は、混同が生じていない場合でも、競争事業者からの差止請求等を認めるものであるから、ここでいう「著名」は周知表示混同惹

起行為の要件である、「需要者間に広く認識されている」場合よりも、高度の周知性が必要とされる。本来の需要者層や、一部の営業地域を超えた全国的な周知性が必要である。

■3　表示の同一または類似

類否の判断基準について、不正競争防止法2条1項1号の周知表示混同惹起行為と同様の判断を行っている裁判例がある。その例として、呉青山学院中学高校事件判決（東京地判平13・7・19判時1815号148頁）は、「一般に営業表示の類否については、取引の実情のもとにおいて、取引者又は需要者が両表示の外観、称呼又は観念に基づく印象、記憶、連想などから両表示を全体的に類似のものと受け取るおそれがあるか否かを基準として判断すべきである」としている。

■4　本問についての検討

世界的に有名な「メモリアーゼ」社の扱う商品は鞄であり、A社が「メモリアーゼ」というPBを使用することを予定している食品関係の商品とは異なり、本問において混同は生じない場合と考えられる。

一方、世界的に有名なフランスの「メモリアーゼ」社は周知性が認められ、「著名な商品等表示」にあたると思われる。

著名表示冒用行為に該当するためには、混同は条件になっていないため、商品の種類が異なる本問でも、A社が取扱商品等に「メモリアーゼ」というPBを使用することは、「メモリアーゼ」社に対する著名表示冒用行為に該当する可能性がある。

(4) 商品形態模倣行為

Q53 当社（A社）はPB『ハッピーマーケット』の商標で、B社が製造するタオルセットの商標登録を受け、販売を開始しました。タオルセットの中身は、小熊の人形、タオルハンガー、小熊のイラストのついたタオル3種、籐カゴの合計6点の組合せです。

一方、C社は数年前から、「小熊のタオルセット」という商品を販売していますが、その中身は、小熊の人形、タオルハンガー、小熊のイラストのついたタオルが4種類、籐カゴで合計7点であり、いずれもセットとして、包装箱に詰められていますが、小熊のイラストの図柄やタオルの生地はB社のタオルセットとは違っています。

当社がB社のタオルセットを販売することに何か問題がありますか。

A 不正競争防止法上の商品形態模倣行為にあたり、C社より、タオルセット販売の差止請求や、損害賠償請求を受ける可能性があります。

■1　商品形態模倣行為（不競法2条1項3号）とは

先行者が、商品開発を行い、商品を市場におくには、通常多くの費用がかかるが、近年、商品ライフサイクルが短縮化したことに加え、流通機構の発達、複写・複製技術の高度化等の要因から、商品形態の模倣が増加したことによる被害が増大している。そこで、先行者に商品化のコストを回収する機会を与え、個性的な商品開発等のインセンティブを高める趣旨で、模倣商品の販売等を不正競争の1つと位置付け、差止請求等の対象とした。

これは、周知商品表示に対する保護とは別に、商品の形態そのものを保護

の対象とするものである。

■2 「模倣」の程度

「『模倣する』とは、他人の商品の形態に依拠して、これと実質的に同一の形態の商品を作り出すことをいう」（不競法2条5項）。

本来、意匠法、商標法、著作権法等で保護されるが、これらの制度を補完するのが不正競争防止法2条1項3号である。このため、同号の保護を受けるために商品形態の創作性や出所の混同等は要件とはされていない。

商品の中の、保護に値する特徴的部分が実質的に同一といえるかで判断される。

■3 規制される行為

規制される行為は、模倣した商品の譲渡等である。

■4 保護の期間

模倣商品の販売等が不正競争に該当するのは、「最初に販売された日から起算して3年」を経過するまでの期間である（不競法19条1項5号イ）。保護の期間が限定されているのは、3年あれば、先行して商品形態を開発した者が、投じた費用を回収し、先行者の利益を確保できると考えられるからである。

■5 保護の例外

「当該商品の機能を確保するために不可欠な形態」は、保護の対象から除外されている。その理由は、その商品の機能および効用を奏するために採用される形態、すなわち、その商品としての機能および効用を果たすために不可避的に採用しなければならない商品形態を特定の者に独占させることは、商品の形態でなく、同一の機能および効用を奏するその種商品そのものの独

占を招くことになり、適正な自由競争の保護を目的とする不正競争防止法の趣旨に反することになるからである（〔ピアス孔保護具事件〕東京地判平9・3・7判時1613号134頁）。

■6　本問についての検討

　本問と類似の裁判例では（大阪地判平10・9・10知的裁集30巻3号501頁）、商品形態の把握手法については両商品とも、包装箱または籐カゴに収納された状態で展示され、購入されるのであるから、その形態は、セットとしてとらえるべきであるとした。

　熊の人形や各タオルなどは、それぞれ単体で取引の対象となり得る商品であるが、これらをセットとしてまとめ、1つのまとまりのある特定の形態をもった商品とするために、資本や労力を投下し、セット商品全体に形態が備わっている以上、これを1つの商品としてとらえ、全体形状に着目して商品の形態を把握するのは然るべきとの見解がある[1]。

　また、上記裁判例は、両商品の同一性の判断については、包装箱に収納された状態の両商品を正面からみた場合に、形態上の大きな特徴としてみられるのは、小熊の人形と小熊の絵が描かれたタオルがそれぞれ大きなブロックを形成し、それらが組み合わされて全体としての商品を構成しているという点にある、としたうえで、Y商品（本問ではC社の商品）は、小熊のイラストが相違する、タオルの生地が相違する、C社製品はタオルの種類は1種類多い等の相違点があっても、両商品は上記特徴的部分が共通する以上、相違点はいずれも些細な点であり、両者の商品形態は実質的に同一であると判断している。

　上記裁判例は、先行商品の特徴的部分を抽出し、後行商品が当該先行商品の特徴部分を備えている場合には、「模倣」に該当するという判断手法をと

---

[1] 飯村敏明「判批」商標・意匠・不正競争判例百選168頁、松尾和子「判批」知財管理50巻2号255頁以下。

っている。[2]

　この裁判例の判断に基づけば、A社のタオルセットはC社のタオルセットの形態を模倣したものと認められる可能性が高い。

2　飯村・前掲〈注1〉169頁。

(5) 営業秘密

Q54 当社（A社）は全国的にスーパーマーケットやコンビニエンス・ストアを展開する小売業者ですが、PB「ハッピーマーケット」を展開しています。このたび、当社の元従業員Bが当社の大型顧客のリストを無断で持ち出し、C社がこれを営業に使用していることがわかりました。当社はC社による顧客情報の使用を止めることはできますか。

A 貴社の大型顧客のリストが不正競争防止法上の営業秘密に該当すれば、貴社はC社に対し、顧客リストの使用の差止請求が可能です。

■1 営業秘密とは

　不正競争防止法2条6項は、同法上の保護を受けることができる「営業秘密」を、「秘密として管理されている生産方法、販売方法その他の事業活動に有用な技術上又は営業上の情報であって、公然と知られていないもの」と定義している。

　つまり、企業が企業秘密と思っている情報すべてが「営業秘密」として不正競争防止法の保護を受けられるわけではない。

　そのため、不正競争防止法上の保護を受けられる「営業秘密」の条件とはどういうことかを理解し、条件を満たす工夫が必要である。

■2 不正競争防止法上の営業秘密としての保護を受けるための条件

　不正競争防止法上の営業秘密に該当するには、①秘密管理性、②有用性、

③非公知性の3つの条件を満たすことが必要である。
　①　秘密管理性とは、当該情報が秘密として管理されていることを示す。具体的には、当該情報にアクセスすることができる者が制限されていること、当該情報にアクセスした者がそれが秘密であることを認識できること、それらが機能するように組織として何らかのしくみをもっていること（組織的管理）などが必要である(第2章Q5■2)。
　②　有用性とは、当該情報が有用な営業上または技術上の情報であることを示す。たとえば、設計図、製法、製造ノウハウ、顧客名簿、仕入先リスト、販売マニュアル等が該当する。
　　当該情報自体が客観的に事業活動に利用されていたり、利用されることによって、経費の節約、経営効率の改善等に役立つものを指すが、現実に利用されていなくても有用性は否定されない。
　　一方、有害物質の垂流しや脱税の事実等反社会的な活動に関する情報は、法が保護すべき正当な事業活動ではないため、有用性は否定される。
　③　非公知性とは、公然と知られていないことを示す。つまり、当該情報の保有者の管理下以外では一般に入手できないものであることが必要である。第三者が偶然同じ情報を開発して保有していた場合でも、当該第三者も当該情報を秘密として管理していれば、非公知といえる。刊行物等に記載された情報は非公知性は否定される。

■3　営業秘密侵害行為の類型

不正競争防止法2条1項4号から9号では、さまざまな営業秘密侵害行為が規定されている。

1　経済産業省知的財産政策室「営業秘密と不正競争防止法」（平成25年8月）〈http://www.meti.go.jp/policy/economy/chizai/chiteki/pdf/slide1-ver_10.pdf〉
2　経済産業省「営業秘密管理指針」（平成25年8月16日）〈http://www.meti.go.jp/policy/economy/chizai/chiteki/pdf/111216hontai.pdf〉

営業秘密不正取得行為（4号）、不正取得営業秘密知情取得行為等（5号）、不正取得営業秘密利用行為（6号）の各規定は、営業秘密の取得自体が不正に行われる類型を示す。

一方、営業秘密不正利用行為（7号）、不正開示営業秘密知情取得行為等（8号）、不正開示営業秘密利用行為等（9号）の各規定は、取得自体は正当行為として行われているが、その後の使用や開示が不正に行われる類型を示す。

■4　差止請求権（不競法3条1項）

不正競争によって営業上の利益を侵害され、または侵害されるおそれがある者は、侵害の停止または予防を請求することができる。民法の不法行為では、損害を事後的に請求することができるだけで、不法行為の差止めは認められないが、不正競争行為については、事前の差止めが認められている。また、行為者の故意・過失は要件とされていない。

■5　本問についての検討

通常顧客リストには、有用性も非公知性も認められる。本問において、A社の顧客リストが通常金庫に入れられており、金庫の鍵を持っている人が限られるなど、顧客リストにアクセスできる人が限られていて、顧客リストに㊙等の記号が付されるなどして、顧客リストが秘密であることが客観的に認識できる状態にあれば、不正競争防止法上の営業秘密としての保護を受けることができる可能性が高い。

不正競争防止法3条1項の差止請求権は、行為者の故意・過失は要件としていないため、C社が当該リストはBが不正に取得したものであることを仮に知らなかったとしても、A社はC社に対し、差止請求が可能である。[3]

3　なお、それ以外の法的救済については、本章Q56を参照。

(6) 営業誹謗行為

Q55 当社（A社）はPB『ハッピーマーケット』を展開しており、パソコンにインストールして使用するソフトウェア（以下、「本件製品」といいます）を販売しています。Bは当社から本件製品を購入し、パソコンにプリインストールしてパソコンを販売しています。

先日、本件製品と同様の情報処理方法に関する特許権を有するCが、当社が本件製品をインストールしたパソコンを販売等する行為は、Cの特許権を侵害すると主張し、当社およびBに対し、特許権侵害を理由に本件製品がインストールされたパソコンの販売差止めを求める仮処分を申し立てました。その後当社およびBの行為はCの特許権を侵害しない旨の判断が出されました。

当社はCに対し何らかの法的請求が可能でしょうか。

A Cの、貴社およびBに対する特許権侵害に基づくパソコンの販売差止めを求める仮処分の申立てが、不正競争防止法2条1項14号の「他人の営業上の信用を害する虚偽の事実」の告知にあたると主張して、Cに対し損害賠償金の支払いを求めることができる可能性があります。

特許権者であるCが特許権を侵害していると判断したA社およびBに仮処分命令等を申し立てた後に、裁判所によってA社およびBの行為が特許権侵害にあたらないという判断がされた場合、Cによる仮処分命令申立ては、客観的には特許権を侵害していないA社およびBの行為を特許権侵害行為であると告知・流布する行為にあたり、これによってA社、およびBの営業上の信用を害する場合は、不正競争防止法2条1項14号の虚偽事実の告

知・流布行為にあたりうる。

ただし、本問類似の裁判例では（東京地判平16・8・31判時1876号136頁）、特許権者による販売行為の差止めを求める仮処分命令の申立て等が、特許権の正当な権利行使の一環としてなされたものと認められるときは、違法性が阻却され、不正競争行為に該当しないと判断した。一方、当該申立てが、特許権者の権利行使の一環としての外形をとりつつも、競争者の信用を毀損して特許権者が市場において優位に立つことを目的とし、内容ないし態様において社会通念上著しく不相当である場合など、権利行使の範囲を逸脱するものと認められる場合には、違法性は阻却されず、不正競争防止法2条1項14号の不正競争行為に該当する、と判断した。

本問で、A社およびBの行為が特許権侵害にあたらないことについて、Cが何らの事実調査も行わないまま、仮処分の申立てに及んでいるような事情があり、Cの行為によってA社およびBの社会的評価が害されているという事情があれば、A社およびBはCに対し、不正競争防止法2条1項14号に基づき損害賠償金の支払いを求めることができる。

(7) 不正競争行為に対する法的救済措置

Q56 当社（A社）は全国的にスーパーマーケットやコンビニエンス・ストアを展開する小売業者ですが、PB「ハッピーマーケット」を展開しています。このたび当社のPB商品の製造元であるB社の従業員Cが、当社の顧客のリスト（不正競争防止法上の営業秘密に該当する）を当社から無断で持ち出し、B社のマーケティングに使用していることが判明しました。

当社はCの当該侵害行為に関して法的にどのような救済を求めることができますか。

A 貴社はCおよびB社に対し、当該リストの使用差止めを請求することができます。また、すでに当該リストを利用してB社が新たなリストを作成している場合には、このリストの廃棄除却を請求することができます。貴社はCに対し、Cの当該持ち出し行為によって得た利益を損害額として、損害賠償請求をすることができます。さらに、貴社はCに対し、謝罪広告や取引先に対する謝罪文の発送など、信用回復措置を請求することができます。

Cが当該リストを貴社から不正に取得したことをB社が知っていたか、または重大な過失により知らなかった場合は、貴社はB社に対しても損害賠償請求および信用回復措置を請求することができます。

■1 差止請求権（不競法3条1項）

不正競争によって営業上の利益を侵害され、または侵害されるおそれがある者は、侵害の停止または予防を請求することができる。民法の不法行為で

は損害を事後的に請求することができるだけで、不法行為の差止めは認められないが、不正競争行為については、事前の差止めが認められている。また、行為者の故意・過失は要件とされていない。

■2　廃棄除却請求権（不競法3条2項）

差止請求権・予防請求権だけでは、違法状態が事実上放置されるおそれがあるため、侵害の停止または予防に必要な行為を請求することができることとしたのが廃棄除却請求権である。差止請求権・予防請求権が行使されていることを前提として、侵害行為を組成した物（たとえば持ち出された営業秘密が記録された媒体など）や、侵害行為によって生じた物（たとえば営業秘密を用いて製造された製品など）の廃棄、侵害行為に供した設備の除却を請求することができる。

■3　損害賠償請求権（不競法4条）

①故意・過失、②不正競争行為、③他人の営業上の利益の侵害、④損害の発生、⑤因果関係、⑥損害額を要件として損害賠償請求が認められる。

■4　損害額の推定（不競法5条）[1]

平成15年の改正前は、逸失利益の立証にあたって、因果関係の証明が困難で、逸失利益の賠償がなかなか認められなかった。平成15年の改正により、このような損害額の因果関係立証の負担が軽減され、被侵害者が販売する予定のある商品が侵害者の商品に代替しうることが証明された場合（侵害行為がなければ販売することができた物である場合）には、侵害者が販売した商品の数量（侵害者の譲渡数量）に、被侵害者の単位数量あたりの利益額（被侵害者製品の単位数量あたりの限界利益額）を乗じた額を、被侵害者の販売能力の

1　寒河江孝允編著『不正競争の法律相談』47頁。

限度で損害額と推定される規定となった（1項）。

また、被侵害者が侵害者の利益額を証明すればその額が損害額と推定される（2項）。

さらに、不正競争防止法2条1項各号の不正競争行為について、被侵害者は、商品等表示等の使用に対し受けるべき金銭の額に相当する額の金銭を受けた損害の額として、賠償請求することができる（不競法5条3項）。

■5　信用回復措置（不競法14条）

不正競争行為により、営業上の信用を害された者に対する救済としては、金銭による補填だけでは不十分な場合があるため、直接的な救済として「営業上の信用を回復するのに必要な措置」が認められている（不競法14条）。この信用回復措置の典型例は、新聞等への謝罪広告・取引広告の掲載等である。なお、「名誉」を毀損された場合の措置として民法723条が規定されているが、不正競争防止法14条は「営業上の信用」を害された場合に関する、特則規定と位置付けられる。

■6　請求の対象

不正競争防止法2条1項4号の営業秘密不正取得行為、同項5号の不正取得営業秘密知情取得行為等、同項6号の不正取得営業秘密利用行為各規定は、営業秘密の取得自体が不正に行われる類型を示す。

本問で、Cは営業秘密を不正に取得した行為者であり、故意も当然認められるケースであるから、Cの行為は不正競争防止法2条1項4号の営業秘密不正取得行為にあたる。一方、B社がCから当該リストを取得した行為および当該リストをB社のマーケティングに利用した行為については、Cが当該リストをA社から不正に取得したことをB社が知っていたか、重大な過失により知らなかった場合にのみ、B社への責任追及が可能となる。

■7　営業秘密侵害罪に対する刑事上の請求

　「不正の利益を得る目的」または「営業秘密の保有者に損害を与える目的」で営業秘密を不正に取得・領得・不正使用・不正開示等する行為については、10年以下の懲役または1000万円以下の罰金（またはその両方）が科せられる（不競法21条1項1号）。A社はCについて営業秘密侵害罪で告訴することも考えられる。

　また、Cによる営業秘密の不正取得行為がB社の業務として行われた場合、B社に対しても3億円以下の罰金が科せられる可能性がある（不競法22条1項）。

3　PBの食品の安全管理・品質明示に関する問題

(1)　食品の製造・販売に関する規制——表示規制①

Q57　食品表示を規制する法律にはどのようなものがありますか。

A　食品衛生法、JAS法、景品表示法、健康増進法、計量法、薬事法等があり、各法が、異なる目的の下、食品表示に関する規制を行っています（食品表示法については、本章Q58参照）。

　近年、偽装表示を含め食品表示に関する違反に対して、行政機関による指示・公表およびマスコミ報道が多数なされており、食品表示に関する規制内容を把握し、遵守することがより重要となっている。

■1　食品衛生法

　食品衛生法は、食品の安全性の確保のために公衆衛生の見地から必要な規制等を講じることにより、飲食に起因する衛生上の危害の発生を防止し、もって国民の健康の保護を図ることを目的とする（1条）。

　食品衛生法は、内閣総理大臣が、販売する食品、添加物並びに一定の器具および容器包装（以下、食品、添加物、器具および容器包装を「食品等」という）に関する表示につき、必要な基準を定めることができるとし（19条1項）、これを受けて、乳および乳製品並びにこれらを主原料とする食品の表示基準として「食品衛生法第19条第1項の規定に基づく乳及び乳製品並びにこれらを主要材料とする食品の表示の基準に関する内閣府令」、その他の食品等の

第4章　PB商品の販売段階における法律問題

表示基準として「食品衛生法第19条第1項の規定に基づく表示の基準に関する内閣府令」が定められている。

これらの食品表示基準においては、対象食品の範囲、表示事項（品名・原材料など表示すべき事項）、表示方法（表記の仕方や順序などの表示の仕方）が定められており（これらの食品表示基準は消費者庁ホームページ「商品表示」〈http://www.caa.go.jp/foods/index10.html〉参照）、基本的な表示事項としては、①名称、②消費期限または賞味期限、③製造所または加工所の所在地、④製造者、加工者または輸入者の氏名または名称、⑤保存方法、⑥アレルギー物質や添加物を含む食品についてはその旨、⑦使用基準が定められている場合の使用方法がある。

そして、表示基準が定められた食品等は、その基準に合う表示がなければ、これを販売等してはならないとされている（19条2項）。

また、食品等に関しては、公衆衛生に危害を及ぼすおそれがある虚偽または誇大な表示または広告をしてはならないとされている（20条）。

これらの規定に違反した場合には、営業禁止命令、営業停止命令などの行政処分を受けること（55条1項）、また、罰則に処せられることがある（72条）。

■2　JAS法

農林物資の規格化及び品質表示の適正化に関する法律（JAS法）のうち表示に関する規制は、農林物資の品質に関する適正な表示を行わせることによって、一般消費者の選択および農林物資の生産・流通の円滑化等に寄与することを目的とする（1条）。

JAS法でも、内閣総理大臣が農林物資の品質に関する表示について遵守すべき基準を定めることとされ（19条の13第1項～3項）、これを受けて、「生鮮食品品質表示基準」「加工食品品質表示基準」等の表示基準を定められ、これらの表示基準に具体的な表示事項（品名・原材料など表示すべき事項）、

表示方法（表記の仕方や順序などの表示の仕方）、表示禁止事項（内容物を誤認させるような文字や絵などの禁止）が定められている（これらの品質表示基準は消費者庁ホームページ〈http://www.caa.go.jp/jas/hyoji/kijun_Itiran.html〉参照）。食品のPB商品は加工食品である場合がほとんどであると考えられるが、加工食品には「加工食品品質表示基準」が適用される。同基準では、名称、原材料名、内容量、消費期限または賞味期限、保存方法、製造業者等を表示することが義務付けられており、特定の加工製品については、個別の基準（原産地の表示）も定められている。

なお、販売業者が製造業者との合意により製造業者に代わって表示内容に責任をもつ旨の合意がある場合には、製造業者ではなく販売業者の名称、住所を表示することができ（この場合も、食品衛生法上、製造者または製造所固有記号を表示することが義務付けられるため、製造者または製造所固有記号が表示される）、PB商品においては、販売業者が表示されている場合も多い。

このほかにも、遺伝子組換え農産物とその加工食品に遺伝子組換え表示をすることが義務付けられ（遺伝子組換えに関する表示に係る加工食品品質表示基準第7条第1項及び生鮮食品品質表示基準第7条第1項の規定に基づく農林水産大臣の定める基準）、また、「有機」と表示するには一定の基準を満たし検査・認証を受けることが必要とされている。

そして、製造業者等はこれらの基準に従って表示をしなければならないとされている（JAS法19条の13の2）。ここでいう「製造業者等」とは、製造、加工、輸入または販売を業とする者（同法14条1項）であり、販売業者もJAS法上の表示義務を負うことになる。

JAS法に関する品質表示基準に違反した場合には、都道府県知事から指示を受ける場合があり（19条の14第1項・2項、23条1項・2項、JAS法施行令12条1項1号・2号）、指示に従わない場合には、消費者庁長官から改善措置命令を受ける場合もある（JAS法19条の14第4項）。また、指示または命令が行われるときは、あわせてその旨が公表される（同法19条の14の2）。

さらに、刑事罰が処せられる可能性があり、たとえば、JAS法19条の13第1項または2項の規定により定められた品質表示基準において表示すべきこととされている原産地（原材料の原産地を含む）について虚偽の表示をした飲食料品を販売した場合には、2年以下の懲役または200万円以下の罰金に処せられる（23条の2）。

平成24年度（平成24年10月～平成25年9月）のJAS法の品質表示基準に関する国による指導等の件数は、行政指導が446件、指示が20件であった。[1]

■3　その他の食品表示規制

食品衛生法とJAS法以外にも、食品表示に関する規制として以下のものがある。なお、景品表示法の説明は本章4 Q60～Q67に譲る。

(1)　健康増進法

健康増進法は、国民保健の向上を図ることを目的とする（1条）。同法は、内閣総理大臣が栄養表示に関する基準を定めることとし、これを受けて、栄養成分の量、熱量等に関する栄養表示基準が作成されている（31条1項・2項、栄養表示基準は消費者庁ホームページ〈http://www.caa.go.jp/foods/index4.html〉）。そして、栄養表示をしようとする者は、栄養表示基準に従い、必要な表示をすることを義務付けられており（31条の2）、栄養表示基準に従って表示しない場合には、勧告（32条1項）、命令（同条2項）を受けることがある。

このほかに、特別用途食品に係る表示の許可等の規制（26条1項）および食品に係る健康増進の効果その他一定の事項についての虚偽または誇大表示の禁止（32条の2）の規定もある。

(2)　計量法

計量法は、計量の基準を定め、適正な計量の実施を確保し、もって経済発

---

[1] 消費者庁＝農林水産省「JAS法の品質表示基準に係る指導の件数等」（平成25年11月）

展・文化向上の寄与を目的とする（1条）。特定商品（特定商品の販売に係る計量に関する政令5条）を密封して販売するときは、量目公差（政令で規定された誤差）を超えないように計量し、その容器包装に特定物象量を表記しなければならないとされている（計量法13条）。同条に違反した場合には、勧告（同法15条1項）、公表（同条2項）、命令（同条3項）を受けることがある。

(3) 薬事法

近年、医薬品や化粧品のPBも増えているが、医薬品、医薬部外品、化粧品（以下、「医薬品等」という）には薬事法が適用される。

薬事法は、医薬品等の品質、有効性および安全性の確保に必要な規制等を行うなどして保健衛生の向上を図ることを目的とする（1条）。

表示に関する規定としては、医薬品等の容器等や添附文書等に記載すべき事項（50条～53条・59条～62条）および記載禁止事項が定められており（54条・60条・62条）、これらの規定に触れる医薬品を販売等してはならないとされている（55条1項・60条・62条）。また、毒薬および劇薬については、表示に使用すべき枠、字などの色が決まっており、また、「毒」「劇」と表示することも義務付けられている（44条）。

また、健康食品[2]のうち医薬品に該当しないものについては、通常の食品と同様、食品衛生法等の規制に服することになる。

---

[2] 法令上の定義はない。新開発食品保健研究会監修『「健康食品」早わかりガイド——解説とQ&A』95頁では、「広く健康の保持増進に資する食品として販売・利用される食品であって、保健機能食品ではないもの」とされている。

(2) 食品の製造・販売に関する規制——表示規制②

Q58 食品表示法という法律が新たに制定されましたが、食品表示法はどのような法律ですか。また、食品衛生法やJAS法とはどのような関係に立ちますか。

A 食品表示法は、食品衛生法、JAS法、健康増進法の食品表示に関する規定を統合して、食品表示に関する包括的かつ一元的な制度を創設した法律です。

■1 食品表示法の制定

現在、食品表示を規制する法律として、食品衛生法、JAS法、健康増進法等があり、各法律がそれぞれ食品表示に関する規制を設けている（本章Q57参照）。そのような中、食品表示法は、上記食品衛生法、JAS法、健康増進法の表示に関する規定を統合し、①整合性のとれた表示基準の制定、②消費者、事業者双方にわかりやすい表示規制の制定、③消費者の健康増進への寄与、④行政による効果的・効率的な法執行をめざして制定された法律であり、平成25年6月28日に公布、同日から2年以内に施行される。

ただ、食品衛生法、JAS法、健康増進法のほかにも食品表示規制に関する法律があり、これらについては、食品表示法施行後も、従前どおり遵守する必要がある。

■2 食品表示法の概要

食品表示法は、内閣総理大臣が、以下の①および②について、消費者が食品を安全に摂取し、また、食品を選択するために必要な事項に関する基準を

定めることとし（4条1項）、これを受けて、食品表示基準を定めることとされている。この食品表示基準には、現行の食品衛生法に基づく食品表示基準、JAS法に基づく品質表示基準、健康増進法に基づく栄養表示基準で規定されるべきことを網羅的に規定することができる。[1]

① 名称、アレルゲン（食物アレルギーの原因となる物質）、保存の方法、消費期限、原材料、添加物、栄養成分の量および熱量、原産地その他食品関連事業者等が食品の販売をする際に表示されるべき事項（食品表示法4条1項1号）
② 表示の方法その他①に掲げる事項を表示する際に食品関連事業者等が遵守すべき事項（同項2号）

なお、栄養表示については、表示を行う場合のみ健康増進法に基づく基準に従って表示することを義務付けられていたものにすぎず、栄養表示を行わないことも可能であったが、食品表示法の下では、栄養表示を義務付けることが可能となる。

そして、食品関連事業者等は、食品表示基準に従った表示がなされていない食品の販売をしてはならないとされている（食品表示法5条）。

■3　行政による是正措置、調査権限、申出制度

食品表示法に違反した場合には、行政機関から指示（6条1項・3項）、指示に係る措置をとることの命令（同条5項）を受けることもあり、指示または命令が行われるときは、あわせてその旨が公表される（7条）。また、内閣総理大臣は、緊急の必要があるとき、食品の回収等や業務停止の命令を行うことができ（6条8項）、違反した事業者は、罰則に処せられる可能性もある（17条～23条）。

行政機関は、違反調査のために必要があるときは、報告徴収、書類等の提

---

1 蓮見友香「食品表示法の概要」NBL1009号9頁。

出命令、立入検査、質問、収去も行うことができる（8条）。
　また、食品の表示が適正でないため一般消費者の利益が害されていると認められるときは、誰でも内閣総理大臣等に申出をすることができることとされている（12条1項・2項）。

(3) 食品の製造・販売に関する規制——食品・添加物の基準・規格

Q59 食品・添加物等の基準・規格に関する規制には、どのようなものがありますか。

A 食品・添加物等の製造、保存等の方法および成分の規格に関する基準は、主に食品衛生法および同法の関連法規で定められています。

■1 食品・添加物等の安全性を確保する法令

　食品、添加物等の安全性を確保するための主な法令として、食品衛生法、同法施行令、同法施行規則並びに同法11条1項を受けて制定された乳及び乳製品の成分規格等に関する省令および食品、添加物等の規格基準（昭和34年厚生省告示第370号）がある。

　また、条例により規制を設けている地方自治体もあり、酒類については、「酒税法及び国税庁所定分析法」に従った成分測定が必要とされている。

　食中毒の原因となることが多い食品については、厚生労働省が食品の衛生上の取扱いに関する衛生規範を定めている。ただし、同規範の不遵守は、法律に違反するものではないため、違法となるわけではない。

■2 食品衛生法の規制

　食品および添加物のうち、腐敗等したもの、有毒・有害な物質を含むなどするもの、病原微生物により汚染等され健康を損なうおそれがあるもの、不潔・異物が混入等し健康を損なうおそれがあるものの販売等が禁止されてい

る（6条）。

　また、添加物については、その性状等について必ずしも経験的知見を有するものではないのが通例であるため、厚生労働大臣が健康を損なうおそれがないとして定める添加物以外の添加物およびこれを含む食品等を販売等してはならないとされている（10条）。

■3　食品、添加物等の規格基準・乳及び乳製品の成分規格等に関する省令

　上記の各規定に加えて、食品衛生法は、厚生労働大臣が、販売の用に供する食品、添加物の製造、保存等の方法に関する基準または成分に関する規格を定めることができるとし（11条1項）、基準・規格に合わない食品等を販売等してはならないとしている（同条2項）。

　これを受けて、食品衛生法施行規則が規格基準を設定すべき食品、添加物等を指定している。また、食品、添加物等の規格基準（厚生労働省ホームページ〈http://www.mhlw.go.jp/topics/bukyoku/iyaku/syoku-anzen/zanryu2/591228-1.html〉参照）において、食品、添加物等の規格基準が定められており、たとえば食品については、①成分規格、②製造、加工および調理基準、③保存基準、④食品別の規格基準が定められている。④食品別の規格基準では、PB商品が多い清涼飲料水、即席めん類、冷凍食品等の規格基準も定められている。乳及び乳製品の成分規格等に関する省令には、牛乳、乳製品などの成分規格、製造基準が定められている。

　食品中に残留する農薬、飼料添加物等に関しては、食品、添加物等の規格基準に規定がある場合にはそれを遵守し、同基準に規定がない場合には、食品衛生法11条3項に基づき制定されたポジティブリスト制度（一定の量を超えて農薬等が残留する食品の販売等を原則禁止する制度）を遵守する必要がある。[1]

■4　違反に対する処分、罰則

　上記各規定に違反した場合、食品等の廃棄命令、食品衛生上の危害を除去するための必要な措置（回収等）等の命令（食品衛生法54条1項）、営業許可の取消し、営業の禁止・一時停止（同法55条1項・2項）等を受けることがある。また、罰則に処せられることもある（同法71条・72条）。

1　ポジティブリスト制度とは、原則禁止された状態において、例外的に使用、残留を認めるものについてリスト化する制度である。使用、残留等で認められるものについては、残留基準を設定し（平成17年厚生労働省告示第499号）、それ以外のものについては一律の基準（0.01ppmを超えて農薬等が残留する食品の販売等を禁止する）を適用することとしている（平成17年厚生労働省告示第497号）。なお、食品衛生法11条3項に規定する「人の健康を損なうおそれのないことが明らかであるものとして厚生労働大臣が定める物質」として指定された65物質はポジティブリストの制度の対象外である（平成17年厚生労働省告示第498号）。

4　PB商品の販売と景品表示法

(1)　景品表示法の概要

Q60 当社はスーパーマーケットです。PB商品のパッケージには、当社の判断で商品の性能を記載しています。また、販売をするときに、広告で低価格をアピールしたり、景品を提供してお客様の関心を得ようとすることもあります。当社はどのような法律に気をつければよいのでしょうか。

A 景品表示法に注意する必要があります。同法は、消費者がよりよい商品・サービスを自主的かつ合理的に選択できるよう、不当な表示を禁止するとともに、過大な景品類の提供を禁止しています。

■1　景品表示法の概要

　消費者は、物やサービスを購入する際、広告、商品のパッケージ、値札等の表示を検討し、価格と品質等を見比べて納得した場合に購入することになる。

　しかし、たとえば、実際よりも著しく品質が優れていると誤解させるような表示がなされたり、実際よりも著しく低価格であると誤解させるような表示がなされると、消費者がそのような表示に惑わされ、商品・サービスの選択を誤るおそれがある。また、販売する物やサービスの価格と比べて著しく高額な景品が提供されると、消費者がそのような景品に惑わされ、商品・サービスの選択を誤るおそれがある。

　そこで、不当景品類及び不当表示防止法（景品表示法）は、一般消費者の利益を保護するため、不当な表示および過大な景品類の提供を禁止している。

　同法は、過大な景品類および不当な表示による顧客の誘引を防止するため、

独占禁止法の特例を定めるものとして制定され、公正取引委員会の所管とされていたが、平成21年5月、一般消費者の利益保護を目的とするものと改正され、同年9月1日から消費者庁に移管されている。

■2　景品表示法の表示規制の概要

　景品表示法は、以下の不当表示を禁止している（4条）。
① 　優良誤認表示→Q63参照
　　商品・サービスの品質、規格その他の内容についての不当表示である。たとえば、安価なブラックタイガーを高価な車海老と表示するような場合である。
② 　有利誤認表示→Q64参照
　　商品・サービスの価格その他の取引条件についての不当表示である。たとえば、実際には1000円で販売したことがないのに、「通常価格1000円のところ700円」と表示する場合である。
③ 　その他誤認されるおそれのある表示→Q65参照
　　商品・サービスの取引に関する事項について一般消費者に誤認されるおそれがあると認められ、内閣総理大臣が指定する表示である。商品の原産国に関する不当表示、おとり広告に関する表示などいくつかの表示が指定されている。

■3　景品表示法の景品類規制の概要

　景品表示法は、①一般懸賞（くじ等の偶然性、特定行為の優劣等によって景品類を提供するもの）、②共同懸賞（商店街や一定の地域内の同業者が共同して行う懸賞）、③総付景品（商品の購入者や来店者に対し、もれなくまたは先着順で提供する景品）のそれぞれにつき、過大な景品類の提供を禁止している（3条）。

第4章　PB商品の販売段階における法律問題

(2) 景品表示法の規制対象となる「表示」

Q61 当社はドラッグストアです。PB商品の販売にあたり、店頭で店員が口頭でさまざまな宣伝をしていますが、口頭での宣伝文句も景品表示法による規制を受けるのでしょうか。

A 口頭による広告を含め、景品表示法の規制対象となる「表示」はきわめて幅広く規定されています。

　景品表示法の規制対象となる「表示」とは、「顧客を誘引するための手段として、事業者が自己の供給する商品又は役務の内容又は取引条件その他これらの取引に関する事項について行う広告その他の表示であつて、内閣総理大臣が指定するものをいう」（2条4項）とされている。

　その具体的な範囲は、公正取引委員会「不当景品類及び不当表示防止法第2条の規定により景品類及び表示を指定する件」（昭和37年6月30日公正取引委員会告示第3号、最終改正：平成21年8月28日公正取引委員会告示第13号）により、以下のとおり定められている。

「一　商品、容器又は包装による広告その他の表示及びこれらに添付した物による広告その他の表示

二　見本、チラシ、パンフレット、説明書面その他これらに類似する物による広告その他の表示（ダイレクトメール、ファクシミリ等によるものを含む。）及び口頭による広告その他の表示（電話によるものを含む。）

三　ポスター、看板（プラカード及び建物又は電車、自動車等に記載されたものを含む。）、ネオン・サイン、アドバルーン、その他これらに類似する物による広告及び陳列物又は実演による広告

四　新聞紙、雑誌その他の出版物、放送（有線電気通信設備又は拡声機によ

る放送を含む。)、映写、演劇又は電光による広告
五　情報処理の用に供する機器による広告その他の表示（インターネット、パソコン通信等によるものを含む。）」

このように、「表示」の範囲はきわめて広く、実務上は、事業者が顧客を誘引する際に利用するものがすべて含まれると考えておくべきである。

(3) 景品表示法上の表示主体

Q62 当社は総合スーパーマーケットです。店舗で販売する商品に関する表示が景品表示法に抵触する場合、当社と、製造業者のどちらが景品表示法違反に問われるのでしょうか。NB商品とPB商品のそれぞれについて教えてください。

A 貴社と製造業者のそれぞれが、表示内容の決定にどのように関与しているかによって、景品表示法違反に問われる事業者は異なります。

■1　景品表示法上の表示主体

　景品表示法の表示規制の対象となる表示の主体とは、問題となる表示の内容の決定に関与した事業者であると解されている（片桐一幸編著『景品表示法〔第3版〕』54頁）。したがって、表示主体として景品表示法上の責任を問われるか否かは、当該事業者が表示内容の決定に関与したといえるか否かという個別の事情による。

■2　NB商品の場合

　製造業者が作成したNB商品のパッケージ、パンフレット等に、景品表示法に抵触する内容が含まれていた場合は、製造業者が表示主体として景品表示法違反に問われることとなる。

　そして、小売業者が、単に、NB商品や、製造業者が作成したパンフレットを店頭に並べ、消費者に対し小売業者としての説明を行わない場合には、小売業者が表示主体となることはない。

他方、小売業者が、NB商品のパッケージ、説明書、製造業者からの説明等を踏まえ、独自にチラシやポップ等を作成したり、口頭による商品説明を行ったところ、その内容が景品表示法に抵触したという場合は、これらの表示について小売業者が表示主体となる（片桐・前掲54頁～55頁参照）。なお、小売業者が製造業者の誤った説明を信じて上記の表示を行った場合でも、小売業者による景品表示法違反は正当化されない。

■3　PB商品の場合

　製造業者と小売業者が共同してPB商品を開発し、商品名、パッケージの記載、広告の記載等を共同で取り決めたような場合には、製造業者および小売業者の両者が、小売業者が一般消費者に示した表示の内容の決定に関与しているといえるため、両者が表示主体とされて景品表示法違反に問われることとなる。

　なお、PB商品において、小売業者と製造業者のいずれを「製造元」「輸入元」「発売元」として表示するかは、各事業者の関係を判断する材料にはなるとしても、記載の有無や当事者間の取り決めの内容に従って表示者が誰であるかが判断されるわけではない（片桐・前掲59頁）。

　したがって、「製造元」として製造業者の名を表示する場合も含め、小売業者は景品表示法に違反する表示を行わないよう注意する必要がある。

(4) 優良誤認表示

Q63 当社は百貨店です。当社が専門業者に調理を委託し、「車海老の茶碗蒸し」と表示して販売している商品に、実際は車海老ではなくブラックタイガーが使用されていることが判明しました。景品表示法上、どのような問題がありますか。

A 優良誤認表示として、景品表示法に違反します。

■1 優良誤認表示の概要

優良誤認表示とは、商品・サービスの品質、規格その他の内容についての不当表示であり、「商品又は役務の品質、規格その他の内容について、一般消費者に対し、実際のものよりも著しく優良であると示し、又は事実に相違して当該事業者と同種若しくは類似の商品若しくは役務を供給している他の事業者に係るものよりも著しく優良であると示す表示であつて、不当に顧客を誘引し、一般消費者による自主的かつ合理的な選択を阻害するおそれがあると認められるもの」(景品表示法4条1項1号)をいう。

すなわち、①商品・サービスの内容について、実際のものよりも著しく優良であると一般消費者に示す表示、②商品・サービスの内容について、事実に相違して競争事業者に係るものよりも著しく優良であると一般消費者に示す表示が、優良誤認表示として禁止される。

商品・役務の「内容」は、品質や規格はもちろん、原産地、製造方法、考案者、受賞の有無、保証の有無、有効期限など、品質や規格に間接的に影響を及ぼすものも含まれる(片桐一幸編著『景品表示法〔第3版〕』61頁)。

実際のものよりも著しく優良であると示しているか否かは、表示を行う側の業界慣行や表示を行う事業者の認識により判断するのではなく、一般消費者の誤解を招くか否かという観点から判断される（片桐・前掲63頁）。

そして、広告・宣伝に通常含まれる程度の誇張であれば、一般消費者の適切な選択を妨げないものとして許容されるのに対し、この許容される限度を超えるほどに実際のものよりも優良であると表示すれば、一般消費者の誤認を招き、商品・役務の選択に不当な影響を与えることとなるため、このような場合には「著しく優良であると示す」ことに該当する（片桐・前掲62頁〜63頁参照）。

本問では、車海老は高級食材として一般に認知されているのに対し、ブラックタイガーは比較的安価で取引される一般的な食材であり、一般消費者の誤認を招き、商品の選択に不当な影響を与えることは明らかであるから、優良誤認表示に該当する。

■2　食品に関する偽装表示の問題

昨今、大手百貨店、一流レストラン、一流ホテル等で、高級食材を使用しているかのように表示して販売されていた商品に、実際は安価な食材が使用され、偽装表示が行われていたということが次々と発覚し、社会問題となっている。

このような、一般消費者を誤認させる食品に関する偽装表示も、景品表示法上の優良誤認の問題となる。

■3　PB商品に関する優良誤認表示

PB商品の優良誤認表示に関し、小売業者が消費者庁から措置命令を受けた事例としては、以下のものがあげられる。
① 　一般照明用電球形LEDランプ販売業者12社に対する件（消費者庁措置命令平24・6・14）

12社は、それぞれ一般消費者に供給する一般照明用電球形LEDランプの商品パッケージ等において、「電球60W形相当の明るさ」などとの表示を行ったが、実際は、用途によっては比較対象とした白熱電球と同等の明るさを得ることができないものであった。

② ホームセンターX社に対する件（消費者庁措置命令平22・9・29）

X社は、X社が製造販売する「不織布」と称する園芸用シート（農作物に対する保温、防虫、防鳥等の目的で家庭菜園等の畝の上にかけて使用される）の商品パッケージ、店頭ポップおよび自社ウェブサイトにおいて、「べたがけやトンネルに最適。」「●シートの上から散水OK！」等と、べたがけ（支柱等を使わず地面もしくは作物に直接被せる方法）でも、トンネルがけ（一方の畝肩から他方の畝肩に差し込んだ支柱を覆う方法）でも上記商品の上から散水して使用できる旨の表示を行ったが、実際は、トンネルがけで使用する場合には、上記商品の上から散水してもほとんど透水しないものであった。

③ コンビニエンス・ストア本部Y社に対する件（消費者庁措置命令平21・11・10）

Y社は、Y社およびY社の加盟店が販売する「カリーチキン南蛮」と称するおにぎりの包装袋に貼付したシールに、「国産鶏肉使用」と記載することにより、あたかも、当該おにぎりの原材料にわが国で肥育された鶏の肉を用いているかのように示す表示を行ったが、実際は、当該おにぎりの原材料にブラジル連邦共和国で肥育された鶏の肉を用いていた。

■4 不実証広告規制

優良誤認表示の疑いがある場合、消費者庁長官は[1]、当該表示を行った事業

---

1 内閣総理大臣から権限を委任されている。

者に対し、当該表示の裏付けとなる合理的な根拠を示す資料を提出するよう求めることができる。そして、当該事業者が何ら裏付け資料を提出しなかったり、当該表示の裏付けとなる合理的な根拠とは認められない資料しか提出しなかった場合には、当該表示は優良誤認表示とみなされ、消費者庁長官は行政処分を行うことができる（不実証広告規制。景品表示法4条2項）。

　上記規制は、一般消費者の誤認を招く表示がなされた場合に、消費者庁長官において、実際の商品・役務の内容と表示が異なることを、逐一立証しなければならないとすると、優良誤認表示の規制の実効性を確保することが困難となるため、平成15年の法改正により導入されたものである。

　そこで、特にPB商品の性能、効果、効能などを表示する場合には、PB商品の表示内容の決定に関与する小売業者・卸売業者において、製造業者と協力し、PB商品に関する表示内容を裏付ける合理的な根拠資料をあらかじめ用意しておくことを検討すべきである。

(5) 有利誤認表示

Q64 当社は食品スーパーマーケットです。当社のPB商品である「ベター・バリュー」の冷凍枝豆の販売促進のため、「『ベター・バリュー』冷凍枝豆　当店通常価格398円を198円」と表示してセールを行いたいと考えています。なお、当社は、当該枝豆を398円で販売することを目標にしていますが、実際には、最近、210円前後で販売している期間がほとんどです。このような表示は景品表示法上問題がありますか。

A 有利誤認表示として、景品表示法に違反します。

■1　有利誤認表示の概要

　有利誤認表示とは、商品・サービスの価格その他取引条件についての不当表示であり、「商品又は役務の価格その他の取引条件について、実際のもの又は当該事業者と同種若しくは類似の商品若しくは役務を供給している他の事業者に係るものよりも取引の相手方に著しく有利であると一般消費者に誤認される表示であつて、不当に顧客を誘引し、一般消費者による自主的かつ合理的な選択を阻害するおそれがあると認められるもの」(景品表示法4条1項2号)をいう。

　すなわち、①取引条件について、実際のものよりも取引の相手方に著しく有利であると一般消費者に誤認される表示、②取引条件について、競争事業者に係るものよりも取引の相手方に著しく有利であると一般消費者に誤認される表示が、有利誤認表示として禁止される。

■2　価格に関する有利誤認表示

　次のような価格表示を行う場合には、景品表示法に違反する不当表示に該当するおそれがある（公正取引委員会「不当な価格表示についての景品表示法上の考え方」平成12年6月30日、最終改正：平成18年1月4日（価格表示ガイドライン）第2　2）。

「(1)　実際の販売価格よりも安い価格を表示する場合
(2)　販売価格が、過去の販売価格や競争事業者の販売価格等と比較して安いとの印象を与える表示を行っているが、例えば、次のような理由のために実際は安くない場合
　ア　比較に用いた販売価格が実際と異なっているとき。
　イ　商品又は役務の内容や適用条件が異なるものの販売価格を比較に用いているとき。
(3)　その他、販売価格が安いとの印象を与える表示を行っているが、実際は安くない場合」

　本問の事例は、上記(2)アの場合にあたると考えられ、有利誤認に該当する（なお、価格表示ガイドライン第4も参照）。

　また、販売価格に関する表示を行う場合には、「①販売価格、②当該価格が適用される商品の範囲（関連する商品、役務が一体的に提供されているか否か等）、③当該価格が適用される顧客の条件について正確に表示する必要があり、これらの事項について実際と異なる表示を行ったり、あいまいな表示を行う場合には、一般消費者に販売価格が安いとの誤認を与え、不当表示に該当するおそれがある」（価格表示ガイドライン第3　1）とされている。

■3　その他の取引条件に係る有利誤認表示

　「価格その他の取引条件」（景品表示法4条1項2号）とは、商品・サービスの価格・料金の額のほか、数量（商品の個数、内容量、重量等）、支払条件

(支払方法、支払期間・期限、手数料、解約条件等)、取引に付随して提供される景品類(提供の有無、内容、価額、種類、提供の方法、当選率等)、アフターサービス(修理、補修、検査等)、商品・サービス本体に付属する各種の経済上の利益(保証、バージョンアップ、配送、取付け、改修等)等、種々のものを幅広く含むため(片桐一幸編著『景品表示法〔第3版〕』79頁～80頁)、これらの取引条件についても、有利誤認表示を行うことのないよう留意する必要がある。

(6) その他誤認されるおそれのある表示

Q65 当社は、PB商品で無果汁の清涼飲料水を扱っています。この商品の表示に関して、優良誤認表示、有利誤認表示以外に、景品表示法上留意すべき点はありますか。

A 指定告示の1つである「無果汁の清涼飲料水等についての表示」に留意する必要があります。

■1 その他誤認されるおそれのある表示

　景品表示法は、優良誤認表示および有利誤認表示のほか、「商品又は役務の取引に関する事項について一般消費者に誤認されるおそれがある表示であって、不当に顧客を誘引し、一般消費者による自主的かつ合理的な選択を阻害するおそれがあると認めて内閣総理大臣が指定するもの」（4条1項3号）を不当な表示として禁止している。これらに関連するPB商品を扱う場合には、これらの指定告示にも留意する必要があるため、以下、概要を述べる。

■2 「無果汁の清涼飲料水等についての表示」

　無果汁清涼飲料水等について、当該清涼飲料水等の原材料に果汁または果肉が使用されていない旨が明瞭に記載されていない以下の表示は、不当表示とされる（「無果汁の清涼飲料水等についての表示」昭和48年3月20日公正取引委員会告示第4号　1）。
「一　当該清涼飲料水等の容器又は包装に記載されている果実の名称を用いた商品名等の表示
　二　当該清涼飲料水等の容器又は包装に記載されている果実の絵、写真又

は図案の表示

三　当該清涼飲料水等又はその容器若しくは包装が、果汁、果皮又は果肉と同一色又は類似の色、かおり又は味に着色、着香又は味付けがされている場合のその表示」

また、原材料に僅少な量の果汁または果肉が使用されている清涼飲料水等についての上記告示一から三に該当する表示であって、当該清涼飲料水等の原材料に果汁もしくは果肉が使用されていない旨または当該清涼飲料水等に使用されている果汁もしくは果肉の割合が明瞭に記載されていないものも、不当表示とされる。

したがって、たとえば、PB商品として無果汁のオレンジ風味飲料を開発した場合、無果汁であることを明瞭に示さないまま、「オレンジジュース」という名称を付けたり、容器にオレンジの絵を記載したりすると、不当表示として景品表示法違反になる。

■3　「商品の原産国に関する不当な表示」

「商品の原産国に関する不当な表示」（昭和48年10月16日公正取引委員会告示第34号）により、以下の表示は不当表示とされる。

(1)　国産品

以下の表示であって、国産品であることを一般消費者が判別することが困難と認められるもの。

①　外国の国名、地名、国旗、紋章その他これらに類するものの表示
②　外国の事業者またはデザイナーの氏名、名称または商標の表示
③　文字による表示の全部または主要部分が外国の文字で示されている表示

(2)　外国産品

以下の表示であって、当該外国産品であることを一般消費者が判別することが困難と認められるもの。

① その商品の原産国以外の国の国名、地名、国旗、紋章その他これらに類するものの表示
② その商品の原産国以外の国の事業者またはデザイナーの氏名、名称または商標の表示
③ 文字による表示の全部または主要部分が和文で示されている表示

したがって、たとえば、中国で縫製されたPB商品の衣類のタグがすべて日本語で記載されているのに、中国製であることが明記されていないと、不当表示として景品表示法違反になる。

■4 その他の指定告示

上記以外にも、以下の指定告示がある。

① 「消費者信用の融資費用に関する不当な表示」（昭和55年4月12日公正取引委員会告示第13号）
② 「不動産のおとり広告に関する表示」（昭和55年4月12日公正取引委員会告示第14号）
③ 「おとり広告に関する表示」（平成5年4月28日公正取引委員会告示第17号）
④ 「有料老人ホームに関する不当な表示」（平成16年4月2日公正取引委員会告示3号、最終改正：平成18年11月1日公正取引委員会告示第35号）

第4章　PB商品の販売段階における法律問題

(7) 過大な景品類の提供の禁止

Q66 当社は総合スーパーマーケットです。PB商品の「ベターバリュー・コーラ」の売上げ増加をめざし、小売価格100円の「ベターバリュー・コーラ」を購入したお客様に抽選で最高3000円相当の食品ギフト券をプレゼントしたいと考えています。このキャンペーンを実施しても問題ないでしょうか。

A 過大な景品類を提供するものとして景品表示法に違反し、許されません。

■1　景品表示法の景品類提供規制の概要

　過大な景品類が提供されると、消費者が景品類に惑わされ、品質や価格によって商品を適切に選択できなくなる可能性がある。そこで、景品表示法は、景品類を提供できる金額に限度を設けるなどして、過大な景品類の提供を禁止している。

　景品類は、懸賞によるものと総付景品（Q60■3参照）に分類され、それぞれ異なる規制が設けられている。

■2　景品類とは

　景品類の具体的な意義は、「不当景品類及び不当表示防止法第2条の規定により景品類及び表示を指定する件」（昭和37年6月30日公正取引委員会告示第3号、最終改正：平成21年8月28日公正取引委員会告示第13号。以下、「定義告示」という）および「景品類の指定の告示の運用基準について」（昭和52年4月1日公正取引委員会事務局長通達第7号、最終改正：平成18年4月27日公正取

引委員会事務総長通達第4号。以下、「定義告示の運用基準」という）で明らかにされている。

　景品類とは、①顧客を誘引するための手段として、②事業者が、③自己の供給する商品・役務の取引に関し、④当該取引に付随して相手方に提供する（取引付随性）、⑤物品、金銭その他の経済上の利益をいう（定義告示1項）。

　経済的利益（上記⑤）には、金銭、金券、商品券、物品、招待券・優待券、労務その他のサービス等が広く含まれる。

　そして、取引付随性（上記④）は、たとえば以下のような場合にも認められる（定義告示の運用基準4項参照）。

ⓐ　商品の容器・包装にクイズを記載するなど、利益提供の企画の内容を告知している場合
ⓑ　商品を購入するとクイズの解答やヒントがわかるなど、商品・役務の購入により利益提供を受けることが可能または容易になる場合
ⓒ　小売業者やサービス業者が、自己の店舗等への入店者に対し経済上の利益を提供する場合

　なお、正常な商慣習に照らして値引きと認められる経済上の利益等は、景品類にあたらない。

　たとえば、以下のような場合は、原則として上記の値引きであり景品類にはあたらないため（定義告示の運用基準6項参照）、景品表示法による景品類の提供規制を受けないこととなる。

・「×個以上買う方には、○円引き」「×円お買い上げごとに、次回の買い物で○円の割引」
・「商品シール○枚をためて送付すれば○○円キャッシュバック」
・「CD 3枚買ったらもう1枚進呈」
・「コーヒー5回飲んだらコーヒー1杯無料券をサービス」

　他方、以下のように、同一とはいえない商品・役務を提供する場合は値引きにはあたらないとされるため、注意が必要である（定義告示の運用基準6

第4章 PB商品の販売段階における法律問題

項参照)。

- 「コーヒー○回飲んだらジュース1杯無料券をサービス」
- 「ハンバーガーを買ったらフライドポテト無料」

■3　懸賞による景品類の提供の限度

　懸賞とは、①くじその他偶然性を利用して定める方法、②特定の行為の優劣または正誤によって定める方法をいう（「懸賞による景品類の提供に関する事項の制限」（昭和52年3月1日公正取引委員会告示第3号、最終改正：平成8年2月16日公正取引委員会告示第1号。以下、「懸賞制限告示」という）1項）。

　具体的には、抽選、消費者にわからない形で一部の商品のみに景品類を添付する方法、クイズ、コンテストなどが懸賞にあたる。

　懸賞による景品類の提供については、懸賞制限告示によって景品類の最高額と総額の上限が定められており（同告示2項・3項）、その概要は〔図表1〕のとおりである。

〔図表1〕　一般懸賞の限度額

懸賞による 取引価格	一般懸賞における景品類の限度額	
	最高額	総額
5,000円未満	取引価格の20倍	懸賞に係る売上予定総額の2％
5,000円以上	10万円	

出典：消費者庁「事例でわかる！景品表示法」

　なお、共同懸賞（一定地域の同業者の相当多数が共同して行う場合、商店街が歳末セール等の際に実施する場合など）については、〔図表2〕のとおり、最高額と総額が引き上げられている（懸賞制限告示4項）。

〔図表2〕 共同懸賞の限度額

共同懸賞における景品類の限度額	
最高額	総額
取引価格に かかわらず30万円	懸賞に係る 売上予定総額の3％

出典：消費者庁「事例でわかる！景品表示法」

■4 総付景品の提供の限度

　総付景品とは、一般消費者に対して懸賞によらないで提供する景品類をいう（「一般消費者に対する景品類の提供に関する事項の制限」（昭和52年3月1日公正取引委員会告示第5号、最終改正：平成19年3月7日公正取引委員会告示第9号。以下、「総付制限告示」という）1項）。

　具体的には、来店者にもれなく提供する場合、商品の購入者にもれなく提供する場合、購入者に先着順で提供する場合などが総付景品にあたる。

　総付景品の提供については、総付制限告示によって最高額が定められており（同告示1項）、その概要は〔図表3〕のとおりである。

〔図表3〕 総付景品の限度額

総付景品の限度額	
取引価額	景品類の最高額
1,000円未満	200円
1,000円以上	取引価額の10分の2

出典：消費者庁「事例でわかる！景品表示法」

(8) 公正競争規約

Q67 当社は食品スーパーマーケットです。PB商品として、牛乳、ジュース、チョコレートなどさまざまな食品を取り扱っているのですが、表示や景品類の提供について業界が定める自主基準があると聞きました。どのようなものか教えてください。

A さまざまな業界で、表示や景品類の提供についての自主的なルールを定めた公正競争規約が制定されています。

■1 公正競争規約とは

　公正競争規約とは、各業界の事業者や事業者団体が、いきすぎた広告表示や景品類の提供を防ぎ、適正な事業活動を行えるようにするため、景品表示法に基づき内閣総理大臣（消費者庁長官）および公正取引委員会の認定を受けて設定する自主的なルールである。景品表示法は、多種多様な商品・役務を対象とする反面、一般的・抽象的な規定となっているのに対し、公正競争規約は特定の商品や業界を対象としているため、業界ごとのガイドラインとして実務上大きな役割を果たしているといえる。

　公正競争規約には、表示の方法に関するルール（表示規約）と、景品類の提供の制限に関するルール（景品規約）がある。

　これまでに、以下に例示するさまざまな業界や商品について公正競争規約が制定されており、これらは一般社団法人全国公正取引協議会連合会のホームページ（http://www.jfftc.org/）で閲覧することができる。

〈表示規約の例〉

　飲用乳、アイスクリーム類および氷菓、はちみつ類、食品缶詰、生めん類、

チョコレート類、果実飲料等、レギュラーコーヒー・インスタントコーヒー、包装食パン、ドレッシング類、食肉、鶏卵、ビール、家庭電気製品小売業、化粧品、家庭用合成洗剤・家庭用石けん、ペットフード等

〈景品規約の例〉

アイスクリーム類および氷菓業、チョコレート業、カレー業、ビール製造業、酒類輸入販売業、家庭電気製品業、化粧石けん業、家庭用合成洗剤および家庭用石けん業、ペットフード業等

■2　公正競争規約の内容

　表示規約には、一般的に、規約の対象となる商品等の定義、必要表示事項（公正競争規約に参加する事業者に表示を義務付ける事項）、特定表示事項（特定の事項や用語の使用基準）、禁止する不当表示の内容などが規定される。たとえば、はっ酵乳、乳酸菌飲料の表示に関する公正競争規約は、「はっ酵乳、乳酸菌飲料の定義に合致しない内容の製品について、それぞれはっ酵乳、乳酸菌飲料であるかのように誤認されるおそれがある表示」「成分又は原材料について、実際のものより優良であると誤認されるおそれがある表示」「客観的な根拠に基づかないで、特選、高級等の文言を用いることにより、当該製品が特に優良であるかのように誤認されるおそれがある表示」等を禁止している。

　景品規約には、懸賞制限告示や総付制限告示に沿った規定が設けられているものが多い。

■3　公正競争規約に違反した場合

　公正競争規約に違反した事業者等に対しては、当該公正競争規約の規定に基づき、業界ごとに設けられた公正競争規約の運用機関（公正取引協議会等）が調査を行い、必要な措置（警告、違約金、除名等）を行うことになる。

　なお、公正競争規約に違反した場合であっても、直ちに景品表示法違反に

なるとは限らないが、公正競争規約と同時に景品表示法にも違反した場合には、通常の景品表示法違反と同様に消費者庁による調査・措置が行われることになる。

5　消費税率引上げと価格表示

(1)　消費税転嫁阻害表示の禁止

Q68　平成26年4月の消費税率引上げに合わせ、当社のPBである『ベター・バリュー』の販売促進を図るため、「『ベター・バリュー』消費税還元セール」を実施することとし、店頭やチラシで広告しているのですが、消費税転嫁対策特別措置法上、問題はありますか。

A　本問のような広告（表示）は、消費税転嫁阻害表示に該当し、消費税転嫁対策特別措置法に違反します。

　消費税転嫁対策特別措置法は、消費税の転嫁を阻害するおそれのある一定の表示を禁止している（8条）。

　禁止される「表示」は、景品表示法における「表示」と同様、事業者が商品・役務の供給の際に顧客を誘引するために利用するあらゆる表示が対象となる。

　なお、消費税転嫁対策特別措置法8条は、消費税率引上げに際して何らかのセールを行うことを禁止するものではなく、あくまで「表示」を規制するものであることに注意する必要がある。

　同条により禁止される表示の典型例は、次頁の表のとおりである（消費者庁転嫁阻害表示ガイドライン第3）。

禁止される表示	禁止される表示の典型例
① 「取引の相手方に消費税を転嫁していない旨の表示」（消費税特措法8条1号）	「消費税は転嫁しません。」 「消費税は当店が負担しています。」 「消費税はいただきません。」 「消費税還元」、「消費税還元セール」
② 「取引の相手方が負担すべき消費税に相当する額の全部又は一部を対価の額から減ずる旨の表示であって消費税との関連を明示しているもの」（消費税特措法8条2号）	「消費税率上昇分値引きします。」 「消費税8％分還元セール」 「増税分は勉強させていただきます。」
③ 消費税に関連して取引の相手方に経済上の利益を提供する旨の表示であって②に準ずるものとして内閣府令で定めるもの（消費税特措法8条3号）	「消費税相当分、次回の購入に利用できるポイントを付与します。」 「消費税相当分の商品券を提供します。」 「消費税相当分のお好きな商品1つを提供します。」 「消費税増税分を後でキャッシュバックします。」

(2) 総額表示義務の特例措置

Q69 当社はホームセンターです。2段階での消費税率の引上げに際し、値札の貼り替えを行うことは大変な手数を要します。また、消費税率の引上げによって、お客様に値上げをしたかのような印象を与えるわけにはいきません。そこで、税込価格を表示せず、本体価格のみを表示することとしたいのですが、可能でしょうか。

A 消費税転嫁対策特別措置法の定める誤認防止措置を行う限り、本体価格のみの表示とすることが可能です。

■1 総額表示義務の特例措置

　消費税法63条は、消費者に対して商品・サービスを販売する課税事業者が行う価格表示について、消費税および地方消費税相当額を含んだ支払総額を表示しなければならないという総額表示義務を定めている。

　これに対し、消費税転嫁対策特別措置法は、平成26年4月および平成27年10月の消費税率の引上げに際し、消費税の円滑かつ適正な転嫁のため必要があるときは、現に表示する価格が税込価格であると誤認されないための措置（以下、「誤認防止措置」という）を講じているときに限り、消費税法63条の規定にかかわらず、税込価格を表示することを要しないとしている（消費税特措法10条)[1]。

---

[1] 消費税転嫁対策特別措置法の失効後は、再び総額表示義務が課されることになると予想される。

■2　誤認防止措置

　誤認防止措置としては、以下の2つのパターンが認められている（財務省ガイドライン第3）。

① 個々の値札等において税抜価格であることを明示する例
　　個々の値札、チラシ、看板、カタログ等において、本体価格のみを表示する場合、たとえば次のような表示が誤認防止措置に該当する。
　ⓐ　○円（税抜き）
　ⓑ　○円（税抜価格）
　ⓒ　○円（税別）
　ⓓ　○円（本体価格）
　ⓔ　○円＋税

② 店内における掲示等により一括して税抜価格であることを明示する例
　ⓐ　店内の消費者が商品等を選択する際に目に付きやすい場所に、明瞭に、「当店の価格はすべて税抜表示となっています。」といった掲示を行う。
　ⓑ　チラシ、カタログ、ウェブページ等において、消費者が商品を選択する際に目に付きやすい場所に、明瞭に、「本チラシの価格はすべて税抜表示となっています。」といった表示を行う。

第5章
PB商品の製品・食品事故をめぐる法律問題

第5章 PB商品の製品・食品事故をめぐる法律問題

1　製品・食品事故への対応

(1)　製品・食品事故のリスクと対応

Q70　スーパーマーケットを運営する当社は、多数のPB商品を取り扱っていますが、PB商品の製品・食品事故が発生した場合、当該事故への対応として何をすべきでしょうか。また、当社にはどのような責任、処分が発生するのでしょうか。

A　被害の拡大、損害賠償等の法的責任の拡大、業績・レピュテーション（評価・評判）の低下を最小限に抑えるために、迅速かつ適切な被害拡大の防止策を講じる必要があります。また、貴社や貴社の取締役、従業員は、民事上の損害賠償責任、刑事責任、行政処分を受ける可能性があり、レピュテーション低下に伴い業績が大きく悪化する可能性もあります。

■1　事故発生後の初期段階の対応

　販売した食品に「食品、添加物等の規格基準」に違反する大腸菌が混入しており食中毒が発生した場合や、エアコンに火災が発生した場合など製品・食品事故が発生した場合または発生しうる問題がある場合には、事故・問題が発生した初期段階で、被害の発生・拡大を防止するため、迅速な事実関係の確認、当該製品・食品が抱える問題の公表および当該製品の回収等を検討する必要がある（詳細は本章Q71、Q72参照）。事実確認の際には、特に、情報の発生源の性格、裏付け資料の有無・内容、過去を含め同一情報の有無、情報の発生した地域の範囲、情報の誤った伝達の可能性を念頭におき、[1]消費

者からの情報、製造工程・記録、原料、製造工場・設備、流通ルート、在庫、担当従業員等を調査し、事故原因等を解明していく必要がある。また、消費者庁、保健所等の行政機関への連絡・協議を行う必要がある（消費生活用製品の重大製品事故に関しては消費生活用製品安全法35条1項[2]）。

■2　小売業者の民事責任

　製品・食品事故により消費者の生命、身体等に被害が発生した場合、小売業者は、民法上の債務不履行（民法415条）、製造物責任法（3条）等に基づき損害賠償責任を負う可能性がある（詳細は本章Q74）。

■3　取締役個人の民事責任

　たとえば、取締役が食品衛生法上認められていない添加物を使用した商品が販売されていることを認識しながら公表・回収しなかった場合などには、取締役は消費者等の第三者や自身が取締役を務める会社に対して、損害賠償責任を負うことがある（会社法429条1項・423条1項）。

■4　刑事責任

　製品・食品事故により消費者に死傷の被害が発生し、かつ、取締役または従業員に過失がある場合には、当該取締役または従業員は、業務上過失致死傷罪（刑法211条1項、5年以下の懲役・禁錮または100万円以下の罰金）に問われる可能性がある。また、食品衛生法、JAS法等の行政法規に違反した場合には、当該法律に規定されている罰則に処せられる可能性もある（詳細は

1　一般財団法人食品産業センター『食品企業の事故対応マニュアル作成のための手引き』33頁参照。
2　経済産業省「消費生活用製品安全法におけるOEM生産品・PB品の取扱いに関するガイドライン」では、「OEM生産品・PB品の場合には、ブランド事業者・供給事業者のいずれが報告義務者になるかということにかかわらず、それぞれの事業者が積極的に事故報告を行うことが望まれる」とされている。

第4章 Q57〜Q59参照）。

■5　行政処分等

　小売業者または製造業者が回収の必要があると認められる事故製品・食品を自主的に回収しない場合、当該業者は、行政庁から、食品、添加物等については食品等の廃棄等の命令（食品衛生法54条1項）、消費生活用製品（本章Q71参照）については重大製品事故が生じた場合等の回収等の命令（消費生活用製品安全法39条1項）、重大な欠陥製品に関する情報を収集・提供するための体制整備の命令（同法37条1項）等を受ける可能性がある。

■6　レピュテーションの低下

　上記責任が問題となる場合はもとより、問題とならない場合においても、企業およびブランドのレピュテーションが毀損され、事案によっては、毀損された評価を回復できないまま、業績悪化による破綻に追い込まれる場合もある（詳細は本章Q73参照）。

　また、事故・問題発生後の不適切な対応自体により、無用にレピュテーションが毀損される事案もいまだ多数あり、かかる観点からも問題発生後の対応は重要となる。

(2) リコール、自主回収報告制度

Q71 スーパーマーケットを運営する当社は、メーカーA社にジャムのPB商品（以下、「B商品」といいます）の製造を委託し、販売していますが、自主検査で、基準値を超える残留農薬が検出されました。B商品を食べても健康に影響はないとの報告を受けていますが、B商品を回収すべきでしょうか。また、回収は当社とA社のいずれが行うことになるのでしょうか。

A B商品を直ちに回収すべきです。自主回収の実施主体については、貴社とA社の判断によることになりますが、貴社が主体的に自主回収に関与することを期待される場合も多いと考えられます。

■1　リコールの意味・関連規定

　リコールの意味・内容については、決まったものはないが、被害の発生・拡大防止の観点から、回収、交換、点検・修理、代金返還、製造・販売停止、消費者への注意喚起・情報提供を含め広くとらえることが多いようである[1]。

　リコールに関連する法律の規定としては、消費生活用製品（主として一般消費者の生活の用に供される製品、消費生活用製品安全法2条1項、食品は別表で除外されている）について、製品事故が生じた場合に、製造業者または輸

---

[1] 内閣府国民生活局消費者安全課「食品・製品等のリコールに関する分野横断的指針についての研究報告書」10頁（消費者庁HP〈http://www.consumer.go.jp/seisaku/kaigi/recall/file/houkokusho/hontai.pdf〉）、西村あさひ法律事務所・危機管理グループ『企業不祥事対応・これだけは知っておきたい法律実務』160頁参照。

入業者に対して、事故発生原因の調査および危害発生・拡大防止のための製品回収等の措置を講ずること、販売業者に対して、上記製造業者等の回収措置等に協力することの努力義務が課されている（消費生活用製品安全法38条1項・2項）。

また、リコールが必要な事案であるにもかかわらず製造業者等がリコールを開始しない場合には、行政機関が回収命令等を発することができる場合があり、たとえば、食品衛生法は、食品、添加物、器具または容器包装について、食品等の廃棄等の処置を命ずることができるとし（54条1項）、消費生活用製品安全法は、重大製品事故が生じた場合などに、回収等の措置をとるべきことを命ずることができるとしている（39条1項）。

実際には、行政機関は、上記命令を発動する前に、製品・食品事故を発生させた企業に自主回収を促し、その時点で、自主回収が実施されることがほとんどであり、上記命令の発動に至るケースは少ないようである。

■2　リコールの実施主体

上記のとおり、消費生活用製品安全法には、消費生活用製品に製品事故が発生した場合、製造業者が主体的に回収を行うことを前提とする規定がある（38条1項）。

もっとも、消費者としては、自社ブランドを付して商品を販売している小売業者による積極的な対応を期待するであろうし、自社ブランドの信用を維持させるためにも、小売業者が主体的に回収等を行うことが必要となる場面があると考えられる。また、消費生活用製品安全法38条1項は努力規定であり製造業者にリコール義務を課しているわけでもない。そのため、リコール

2　消費生活用製品の使用に伴い生じた事故のうち、①一般消費者の生命もしくは身体に対する危害が生じた事故、または②消費生活用製品が滅失もしくは毀損した事故であって一般消費者の生命または身体に対する危害が発生するおそれのあるものに該当し、消費生活用製品の欠陥によって生じたものでないことが明らかな事故以外のもの（消費生活用製品安全法2条5項）。

の対象がPB商品である場合には、食品はもちろん、消費生活用製品についても、必ずしも製造業者がリコールを実施するわけではなく、自社のブランド名が付されている小売業者が主体的にリコールをすることも考えられ、リコールの実施主体は事前の取り決めや事故発生後の協議により決められることになる。実際、PB商品の小売業者が主体的にリコール等に関与している事例もある。

いずれにせよ、PB商品については、小売業者と製造業者との間で事前に双方の役割を定めておき、また、いずれかの事業者が一元的に対応するしくみが整えることが望ましいとされている[3]。

3 リコールの要否

リコール実施の要否については、判断要素を類型化したものとして、経済産業省「消費生活用製品のリコールハンドブック2010」があり、同ハンドブックでは、㋐被害の質・重大さについて、①人への被害の有無・可能性の有無、②軽微な物損か否か、㋑事故の性格について、③事故の多発・拡大可能性の有無、④単品不良か否か、㋒事故原因について、⑤製品欠陥の有無、⑥消費者の誤使用の有無、⑦設置工事ミスか否か、⑧改造による事故か否か、⑨経年劣化か否かといった要素が掲げられており、これらの要素を考慮したうえでリコール実施の要否を判断すべきとされている（食品リコールについては、消費者委員会＝消費者安全専門調査会「食品リコールの現状に関する整理」も参考になる）。

また、リコールの対象範囲は、事故の原因が及んでいる商品すべてになると考えられる。そのため、事故原因が同一製造工程の他商品に及んでいたり、別の製造工程にも及んでいる場合には、当該他商品や当該製造工程で製造された商品もリコールの対象とすべきと考えられる[4][5]。

---

3 内閣府国民生活局消費者安全課・前掲〈注1〉11頁。

■4　自主回収報告制度

　全国の地方公共団体は、自主回収情報を住民に広く周知するため、自主回収報告制度を設けている。

　たとえば、東京都では、東京都食品安全条例に基づき上記制度を設けており[6]、報告義務を負う事業者は、自主回収に着手後、速やかに報告することを義務付けられており、報告後、東京都のホームページ上に、自主回収の理由、想定される健康への影響、回収方法等が掲載されることになる。

　同制度の報告対象は、食品、食品添加物、器具、食品の容器包装（各定義は食品衛生法のものを準用）および同条例施行規則で定める食品等（同条例23条1項）である。報告義務のある事業者には、「食品等に自らの氏名（法人にあっては、名称（略称を含む。））、商標その他の自己を表す文字、記号等を表示している販売者」（同規則3条2号）、すなわち、PB商品を販売する小売業者も含まれている。なお、回収するPB商品の製造業者と小売業者の双方が都内に事業所を有する場合は、主体的に自主回収を行う者が報告義務を負うとされている。

4　西村あさひ法律事務所・前掲〈注1〉160頁、財団法人食品産業センター『食品企業の事故対応マニュアル作成のための手引き』39頁参照。
5　リコールの通知手段はQ72■3参照。
6　〈http://www.fukushihoken.metro.tokyo.jp/shokuhin/jisyukaisyuu/seido_index.html〉

(3) 事故・問題の公表

Q72 PB商品に製品・食品事故が発生した場合には、一律に当該事実を公表する必要があるでしょうか。公表する必要がある場合には、いつ、どのような方法で公表するべきでしょうか。

A 公表を要しない場合もあります。公表時期および方法は事案によって異なります。

■1　公表の要否

　被害（生命・身体・財産への危害）の発生・拡大防止、また、憶測に基づく報道等または隠蔽の疑念に伴う信用低下の回避のために、公表する必要がある。他方、公表により無用なレピュテーションの低下を伴う可能性があるため、必要性がない場合には、公表を避けたいところである。

　そこで、公表の要否は、法令上の開示義務・回収義務の有無、被害発生・拡大の可能性の有無、被害者の特定の有無などを考慮して判断すべきであろう。

■2　公表の時期

　被害が、発生・拡大する可能性、予測される被害の発生時期、事実関係の把握の程度等を考慮して、公表時期を判断すべきであろう。

　ただし、食品事故など被害が発生・拡大する可能性があり、かつ、切迫している場合には、初期対応として、いったん確認できた範囲で事故・問題に関する情報を公表し、対応方法を消費者に伝える必要がある場合が多いと考えられる。

第5章　PB商品の製品・食品事故をめぐる法律問題

■3　公表の方法

　公表の方法としては、迅速かつ問題のある製品等がわたっている消費者にもれなく伝わる手段を用いる必要があり、記者会見の開催、テレビCM、新聞での社告、国民生活センター[1]・リコールプラス[2]などへの連絡および同ホームページでの公表、はがきによる通知、自社ホームページでの社告、店頭での告知などが考えられる。消費者が企業のホームページを常に確認することがないことからすると、一定程度重大な事故・問題である場合などには、自社ホームページへの掲載だけではなく、それ以外の方法による公表もあわせて行うべきである。

　記者会見については、実施によりマスコミの報道も大きくなり、会社の信頼を喪失する可能性があるものの、消費者からの信頼回復に繋がる場合もある。そのため、事故の重大性、被害拡大の防止の要否、誤解の解消の要否などを考慮して記者会見の要否を判断すべきであろう。

1　〈http://www.kokusen.go.jp/recall/recall.html〉
2　〈http://www.recall-plus.jp/〉

(4) 信頼維持・回復

Q73 製品・食品事故を発生させた企業は、社会からの信頼低下により、業績が悪化し、事案によっては廃業に追い込まれています。当社は、スーパーマーケットを運営していますが、仮にPB商品に製品・食品事故が発生した場合、信頼の維持・回復を図るためには何を行うべきでしょうか。

A 製品・食品事故を起こした企業の信頼の維持・回復には、初期段階における迅速・適切な対応、消費者への説明責任、再発防止策の整備・実践等が必要となります。

■1　信頼維持・回復に必要なこと

　製品・食品事故により企業が受ける最大の問題は、ブランドの信頼喪失による業績の悪化であり、ブランドの信頼維持・回復を図るために最善の措置をとることが重要となる。

　ブランドの信頼維持・回復にとって重要な点は、①初期段階の迅速かつ適切な対応（初期発表、リコール）、②徹底した調査を前提とする消費者への説明責任の履行、③適切な再発防止策の整備・実践、④被害者への適切な補償などが必要になると考える。①については本章Q71、Q72に譲り、ここでは、②ないし④について説明する。

■2　説明責任の履行

　製品・食品事故を発生させた企業は、消費者、マスコミ、株主に対し、信用回復を図るため、なるべく早い段階で事故原因、再発防止策等を明らかにする必要がある。この説明責任は、事故発覚直後に、問題の製品・食品が渡

った消費者に向けて行うものとは異なる。

　説明責任を果たすための前提となる事故原因等の調査については、被害の内容、事故の性質を考慮して、社内調査で足りる場合もあれば、事件が重大である場合などには、弁護士、公認会計士、社外有識者を交えた第三者委員会を設置し、問題の全容解明を行い、その結果を報告書にまとめたうえ、再発防止策とともに発表することが必要となる場合もある。

■3　再発防止策の整備

　再発防止策の整備は、企業の組織的、体制的な要因を究明したうえで行う必要がある。そのうえで、製造業者とともに、同一・類似の事故を発生させないために必要な体制、マニュアル、システムを検討し、製造業者に対して、改善を求める必要がある。また、導入後も、再発防止策の有効性の検証を行う必要がある。

　農林水産省が立ち上げたフード・コミュニケーション・プロジェクトが作成した「協働の着眼点」では、PB商品について、小売業者等が製造業者との共同責任の下で製造工程管理を行うこと（具体的には、定期的に製造業者を含めた関係者の横断的会議を行い、クレーム情報を共有していること、製造業者に専任従業員を派遣して食品の品質を管理していること、取引先に対して食品表示に関する指示を行うこと）、食品の仕様および製造方法を明確にしていること（具体的には、食品の製造方法を、製造業者と共同作成または共有すべきこと）が規定されており、これらの方針および他社の体制を参考にして、製造業者との協働体制を見直すことも考えられる。なお、PB商品を扱う小売業者の中には、PB商品の製造工程にかかわる製造業者の従業員を対象として、研修等を実施している企業もある。

1　〈http://www.food-communication-project.jp/〉

■4　被害者への補償等

　自社の責任を認めるべきか否かの問題はあるものの、実際に被害を受けた消費者の補償を検討し、一定の場合には補償を実施する必要がある。

　また、製品・食品事故については、取引先も関心を有していることが通常であり、会社として統一した説明方針（内容、方法）を決定し、従業員に周知させるとともに、説明文書を配布するべきであると考える。[2]

---

[2] 第一東京弁護士会総合法律研究所会社法研究部会『企業不祥事と対応【事例検証】』84頁参照。

第5章　PB商品の製品・食品事故をめぐる法律問題

2　消費者等に対する損害賠償責任

(1)　小売業者の損害賠償責任

Q74　スーパーマーケットを運営する当社（A社）は、メーカーB社に豆腐のPB商品（以下、「商品C」といいます）の製造を委託し販売していますが、商品Cにサルモネラ菌が混入しており、商品Cを購入した消費者Dが食中毒に罹患し重症を負いました。この場合、当社はDに損害賠償責任を負うことになるのでしょうか。

A　商品Cの包装の種類、包装の表示内容、貴社の製造過程への関与の程度によっては、貴社は、Dに対し、債務不履行、不法行為または製造物責任法に基づき、損害賠償責任を負う可能性があります。

■1　債務不履行責任（民法415条）

　債務不履行責任は、債務の本旨に従った履行を行わないことにより契約当事者間で発生する責任である。債務不履行責任は、①債務者が債務の本旨に従った履行をしないこと、②債務者の責に帰することができない事由がないこと（過失が存在すること）、③損害があること、④債務不履行と損害に因果関係があること（本章Q76、Q77参照）、の各要件を満たす場合に成立する。本問では、責任の発生要件である①、②の説明をする。
　①の「債務の本旨」とは、一方当事者が他方当事者に負う義務（債務）内容のことである。本問のような売買契約においては、売主は、買主に商品を引き渡す義務とともに、買主の生命、身体、財産等の利益を侵害しないよう

に必要な配慮をして行為をすべき義務（以下、「保護義務」という）を負う。

　なお、食品衛生法等の行政法規および行政上の安全基準は、製品の製造・販売の際の最低基準を定めたものにすぎず、行政法規等に抵触しない場合であっても債務の本旨に従った履行がなかったと評価される場合もある。

　②の「債務者の責に帰することができない事由がないこと」（過失）については、小売業者・消費者間の売買契約では、商品の検査・調査義務および保管義務の存在の有無、当該義務の履行の有無が問題となる。

　食品販売における検査・調査義務の有無および内容は、事案ごとに、食品の種類（包装の有無、表示内容を含む）、小売業者の流通過程の役割等を考慮して判断される。

　PB商品については、小売業者が開発・製造に一切関与しない場合もあれば、製造過程に深く関与する場合もあるが、製造過程への関与の程度が大きくなればなるほど、製品を検査・調査すべき機会も増え、検査・調査義務が肯定され、結果、小売業者に過失があると評価される可能性も高くなる。

　何ら製造に関与していない小売業者が、サルモネラ菌が混入し、かつ、食品衛生法上の表示義務に違反した卵豆腐を販売した事案において、岐阜地大垣支判昭48・12・27判時725号19頁は、「本件卵豆腐には、消費者が食品の安全性を確認し食品選択の資料とするために前記食品衛生法11条等によって食品販売業者に義務付けられている標示がなされていなかったのだから、このような無標示の卵豆腐を販売した食品販売業者……さらに右注意義務は重くなり、本件卵豆腐がサルモネラ菌に汚染されていることが、人間の五官によってはまったく検知できないことであり、以前卵豆腐を取り扱った際には安全であったというだけでは、未だ……安全性確認について注意義務違反がなかったとは認められ」ないとして、債務不履行に基づく損害賠償請求を認めた。当該事案では、食品衛生法上の表示義務違反に伴い注意義務が加重され

1　平野克明「欠陥商品に対する売主の責任」遠藤浩ほか監修『現代契約法体系(4)〔商品売買・消費者契約・区分所有建物〕』169頁〜171頁。

ていることがポイントとなった。

　本問については、身体に悪影響を及ぼすサルモネラ菌の入った豆腐の販売は、保護義務に違反する行為であり、債務の本旨に従った履行がなかったことになる。もっとも、外からみて商品Cに異常が認められない、表示規制に関する違反がない、A社が商品Cの製造過程に関与していないなどの条件が揃っている場合には、債務者の責に帰することができない事由が存在すると評価され、A社は債務不履行責任を負わない可能性もある。

　ところで、小売業者にとって、製造過程に深く関与すれば責任が肯定される可能性が高くなるのであれば、わざわざコストをかけて製造過程に関与して安全性を調査する必要はなく、関与を避けるほうが合理的にも思える。しかし、積極的に製造過程に関与し安全面の確認をすれば、消費者の信頼が向上し、PB商品の販売促進、競争力向上に資することは間違いないであろう。

■2　不法行為責任（民法709条）

　本問では、A社の過失の有無が問題となる（不法行為責任については本章Q75参照）。

　過失とは、結果発生の予見可能性がありながら、結果の発生を回避するために必要とされる措置（行為）を講じなかったことであり[2]、債務不履行責任における債務者の責に帰すべき事由の有無と同様、食品の種類（包装の有無・表示内容を含む）、小売業者の役割等を考慮して判断される。

■3　製造物責任法上の責任（PL法3条）

　本問では、製造物責任法上の責任の責任主体に関して説明する（製造物責任法については本章Q75参照）。

　製造物責任法上の責任は、基本的には、製造業者、加工業者または輸入業

2　潮見佳男『基本講義・債権各論Ⅱ不法行為法〔第2版〕』27頁。

者を責任主体とし、小売業者は、原則として、責任主体にならない。しかし、①製造業者として製造物に商号、商標等の表示をした者、②製造業者と誤認させるような商号、商標等の表示をした者、③製造、加工、販売に係る形態からみて、製造物に実質的な製造業者と認めることができる氏名等の表示をした者は、小売業者であっても責任主体になる（PL法2条3項）。

PB商品については、小売業者のブランド名が表示されている場合に、消費者が製造業者を示すものと誤認する可能性もあることから、広告宣伝その他の要素も考慮のうえ、上記②に該当すると評価される場合もありえる。そして、他の事業者の名称等が製造業者として明記されている場合であっても、小売業者が上記②となることが否定されるものではないとする見解がある。[3]また、小売業者が製品の製造過程や販売に深く関与している場合、③の実質的製造業者と評価される可能性がある。

ただし、PB商品を扱う小売業者がどのような場合に上記②または③に該当するかについて、裁判所がどのような判断をするかは明らかではなく、裁判例の集積が待たれる。

いずれにせよ、PB商品を扱う小売業者としては、上記②または③に該当する可能性があるときは、PB商品の品質や安全性にいっそう注意する必要がある。

---

[3] 朝見行弘「【製造物責任法（PL法）を学ぶ】第6回製造物責任法における責任主体」月刊国民生活2012年12月号34頁。

(2) 製造業者の損害賠償責任

Q75 健康食品の製造業者である当社（A社）は、スーパーマーケットB社から委託を受けて、B社に健康食品のPB商品（以下、「商品C」といいます）を納品していますが、ある時期に仕入れた原材料に有機リン酸系メタミドホスが混入していたため、商品Cにも有機リン酸系メタミドホスが混入してしまい、B社から商品Cを購入して食べた複数の消費者Dらに食中毒症状を引き起こしました。

この場合、当社はDらに対して損害賠償責任を負うことになるでしょうか。

A 貴社は、不法行為または製造物責任法を根拠として、損害賠償責任を負う可能性があります。

■1　不法行為責任（民法709条）

A社はDらに直接商品Cを販売しておらず、債務不履行責任を負わないが、不法行為責任を負う可能性がある。不法行為責任とは、故意または過失により他人の権利を侵害した場合に、当該他人に対して、これによって生じた損害を賠償する責任であり、①権利が侵害されたこと、②行為者に故意または過失があったこと、③損害があること、④権利侵害と損害に因果関係があること（本章Q76、Q77参照）、の各要件を満たす場合に成立する。不法行為の成否においては、過失の有無が大きな争点となることが多い。

過失とは、結果発生の予見可能性がありながら、結果の発生を回避するために必要とされる措置（行為）を講じなかったこと（これを、結果回避義務違反という）であり、本問においても、製造工程の不備などの結果回避義務違

反をめぐって争われることになると考えられる。なお、この過失の存在を根拠づける具体的な事実については、被害者が主張・立証責任を負う。

消費者Xが製造業者Yに対し、購入した健康食品の錠剤に食品への添加が禁止されているエトキシキン（エトキシキンは第三者から購入した原料に含まれていた）が混入していたとして損害賠償請求した事案において、大阪地判平17・1・12判時1913号97頁は、「消費者の生命、身体の危険性を及ぼす物質の混入については、調査、研究により課される製造者の負担等を考慮すべきでないといえるが、食品衛生法により、食品への添加が禁止されている添加物の混入等については、調査、研究により課される製造者の負担等を相当考慮することが許される……エトキシキンは、……消費者の生命、身体に危険性があるものではなく、……消費者の生命、身体に危険性を及ぼす物質の混入について十分に調査し、食品への添加が禁止される添加物を自ら混入させないよう注意し、……製造者として、一般的に相当といえる注意を払いつつ、原料等につき、特定の添加物の混入の可能性があり得ると認識したときに、当該添加物の混入につき調査をしていれば、特段の事情のないかぎり、本件各製品につき、安全性の調査義務違反はない」とした。

仮に、かかる裁判例と同様の基準により責任の有無が判断されるとなると、生命・身体の危険性を及ぼす物質の混入については、その発見のために相当高度な調査義務を負い、かかる調査義務を怠って物質を発見できない場合には、不法行為責任を負うことになる。他方、食品衛生法のような取締規定違反が存在しても、混入した物質が生命・身体の危険性を及ぼすものでない限り、直ちに不法行為責任を負うとは限らない。

■2　製造物責任法上の責任（PL法3条）

技術の進歩により製造業者が注意を払っても発生を防止できない特殊な危険を含む製品が出現することになったが、かかる危険の発生について、被害者が製造業者の過失を立証して、不法行為責任を追及することは難しい。ま

た、消費者は、製品の製造工程や製造業者内部の情報を把握できない立場にあり、製造業者のいかなる点に問題があったか特定することも容易ではない。そこで、被害者救済の見地から、過失の存在を要件としない製造物責任法が制定された。[1]

製造物責任法の責任とは、他人に引き渡した製造物の欠陥により当該他人の生命、身体等を侵害したときに、これによって生じた損害を賠償する責任であり、①製造物責任法上の責任主体であること、②製品が製造物であること、③製造物に欠陥があること、④権利の侵害があること、⑤損害があること、⑥欠陥と権利侵害および損害に因果関係があること、⑦免責事由がないこと、の各要件を満たす場合に成立する（なお、製造物責任の主体については、本章Q74参照）。

ここにいう「欠陥」とは、「当該製造物の特性、その通常予見される使用形態、その製造業者等が当該製造物を引き渡した時期その他の当該製造物に係る事情を考慮して、当該製造物が通常有すべき安全性を欠いていること」（PL法2条2項）をいい、具体的には①製造物の設計そのものにおける欠陥としての「設計上の欠陥」、②設計には問題はないが製造工程において設計と異なった製造物が製造されたという「製造上の欠陥」、③製造物が適切な指示・警告を伴っていないという点に存在する「指示・警告上の欠陥」などがある。[2]製造業者等はあらゆる段階で製造物の安全面に配慮しなければならないといえる。

たとえば、こんにゃくゼリーを食べた乳児が喉に詰まらせ死亡した事案の当該乳児の両親から製造業者に対する損害賠償請求においては、製造物責任の成否が問題となり、こんにゃくゼリーの設計上の欠陥、警告上の欠陥等複数の欠陥の有無が争点となった（神戸地姫路支判平22・11・17判時2096号116頁および同事件の控訴審判決である大阪高判平24・5・25はいずれも、設計上の欠陥、

---

1 木ノ元直樹『PL法の知識とQ&A』3頁参照。
2 潮見佳男『基本講義・債権各論Ⅱ不法行為法〔第2版〕』143頁。

警告上の欠陥等の存在を否定し、製造物責任法上の責任の成立を否定した）。

■3 本問の検討

　不法行為責任については、消費者の身体の危険性を及ぼすメタミドホスが混入していた事案であるため、高度な調査義務が課せられ、当該調査義務を怠っていれば不法行為責任が肯定される可能性がある。

　また、商品Cには、A社からの出庫時点でメタミドホスが混入していたのであり、製造上の欠陥の存在が認められ、製造物責任法上の責任が肯定される可能性が高い。

第 5 章　PB 商品の製品・食品事故をめぐる法律問題

(3) 製品と事故発生との間の因果関係

Q76　コンビニエンス・ストアを運営する当社（A社）は、メーカー B 社にジュースの PB 商品（以下、「商品 C」といいます）の製造を委託し販売していますが、消費者 D が、商品 C を飲んだ直後にガラスの破片のようなものが喉に突き刺さる感じがし吐血したとして、損害賠償を求めてきました。ただ、咽頭出血の原因と思われるものは見つかっていません。
　このように被害原因が明確に特定されていない場合でも、当社が損害賠償責任を負うことはあるのでしょうか。

A　被害を発生させた原因となった物が明確ではない場合でも、傷害の発生前後の事実から、特定の製品と事故発生（権利侵害）との間の因果関係が肯定され、貴社が損害賠償責任を負う可能性があります。

　本問では、喉の出血の原因が商品 C であったのか、すなわち、商品 C と喉の出血との間の事実的因果関係の有無が問題となる。
　特定の製品と事故発生との間の因果関係を直接に証明できる証拠があることは少ないといわれている[1]。直接的な証拠がない場合には、前後の事実その他の事実（「間接事実」と呼ばれている）から推認して、因果関係の有無が判断されることになる。
　本問の類似事案において、名古屋地判平11・6・30判時1682号106頁は、①被害者がジュースの飲用直後に喉を受傷したこと、②ジュースの販売後被害者の飲用までの間にジュースに喉に傷害を発生させるような異物が混入する

1　升田純『最新 PL 関係判例と実務〔第 2 版〕』7 頁。

機会がなかったこと、③被害者が歯科治療を受けていなかったこと、④被害者がジュース以外の飲食をしていたわけではなく、他の食品に異物が存在していたとは考えられないことなどを理由として、受傷の原因がジュースに混入していた異物であるとして、ジュースを提供した者の損害賠償責任を肯定した。

　本問においても、傷害が発生した前後の事実関係などによってジュース以外に傷害を発生させる原因がないと判断できるような場合には、ジュースにガラスの破片のようなものが混入していたことが認められて、商品Cと喉の出血との間の因果関係が肯定され、A社の損害賠償責任が肯定される可能性がある。

(4) 事故と損害との間の因果関係

Q77 スーパーマーケットを運営する当社は、メーカーA社に鍋（以下、「商品B」といいます）の製造を委託し販売していましたが、商品Bの取っ手の強度が不足していたことが原因で、消費者Cが台所からリビングに商品Bを運ぶ際に取っ手が外れ、Cの夫である消費者Dに高温の鍋汁がかかり、Dは重度の火傷を負い、1週間入院をしました。また、商品Bに入っていた高温の鍋汁が、200万円の絨毯にかかり、絨毯には使用できないような染みが残りました。仮に、当社またはA社の損害賠償責任が肯定される場合、損害賠償責任はどの範囲に及ぶことになるのでしょうか。

A 治療費、通院交通費、会社の欠勤に伴う減額賃金、絨毯の購入代金の一部および慰謝料が損害賠償責任の対象となると考えられます。

■1 損害賠償責任の対象（因果関係のある損害）

損害賠償責任が肯定される場合には、賠償責任の対象となる損害の金額および事故と損害との間の因果関係の有無が問題となる。

賠償責任の対象となるのは、因果関係のある損害であり、具体的には、通常事情を前提として一般的に発生する損害と、債務者が予見可能な特別の事情の下で一般的に発生する損害である（民法416条）。この因果関係に関する基準は、債務不履行責任、不法行為責任、製造物責任法上の責任のいずれにもあてはまる（PL法6条）。

■2　治療費、通院交通費、減額賃金および絨毯の代金

　治療費、通院交通費および減額された賃金については、通常事情から一般的に発生する損害といえるため、賠償の対象となるであろう。

　次に、大量の鍋汁が飛び散って絨毯を使用できなくなることは、通常事情から一般的に発生する損害と考えられる。ただし、200万円もの高額な絨毯が敷かれていることは、特別事情といえ、通常、小売業者および製造業者はかかる絨毯の存在を知らず、また、予見できない。そのため、絨毯が賠償責任の対象となる損害になるとしても、絨毯に関する損害額は、中等の品質を備えた絨毯の価値を基準に、使用年数、中古市場の動向等の事情を考慮した金額となると考えられる。

■3　慰謝料

　火傷に伴う慰謝料も、通常事情から一般的に発生する損害といえる。慰謝料は、多くの財産的損害と異なり、金額を決定するための客観的な算定基準がなく、基本的には、裁判官の裁量により決まる。

　もっとも、弁護士会や行政機関が交通事故、労災事故における基準となる損害額を定めており、裁判例も当該基準によるものも多いことから、製品・食品事故における慰謝料も、これらで定められている金額が参考となる。

　交通事故などの基準においては、病院への入院・通院日数を基準として算定される入通院に対する慰謝料と、後遺障害に対する慰謝料の2種類の慰謝料がある。

(5) 小売業者と製造業者の責任の関係

Q78 PB商品の製品・食品事故に関して小売業者と製造業者の双方に損害賠償責任が成立する場合、小売業者と製造業者のいずれが消費者に対して損害賠償義務を履行することになるのでしょうか。

また、事前に、小売業者と製造業者との間で損害賠償責任を負担する者を決めておけば、負担者と決められた者以外は損害賠償責任を負わないのでしょうか。

A 小売業者と製造業者の双方の損害賠償責任が肯定される場合には、小売業者と製造業者は、連帯して、消費者に対して損害賠償義務を負います。

小売業者・製造業者間で、事前に損害賠償責任の負担者を決めることはできますが、当該取り決めは、小売業者・製造業者間だけで効力を有し、消費者に対する関係では効力を有しません。

■1 小売業者と製造業者の損害賠償責任の関係

小売業者と製造業者の双方が損害賠償責任を負う場合、小売業者と製造業者は、消費者に対して、連帯して、損害賠償義務を負う。連帯債務とは、複数の債務者が各自、債権者に対し同一の給付へと向けられた債務を負担していて（全部給付義務）、そのうちの1人が給付をすればすべての債務者が債務を免れる関係にある債務のことである。[1] 消費者からすると、小売業者と製造業者の一方または双方に対し、相当因果関係のある全損害の損害賠償請求を

---

1 潮見佳男『プラクティス民法・債権総論〔第4版〕』561頁。

できる。

■2 一方が損害賠償義務を履行した場合の他方の責任

　小売業者または製造業者の一方が被害者にすべての損害を賠償した場合、他方の消費者に対する損害賠償義務も消滅する。もっとも、小売業者と製造業者の双方が損害賠償責任を負っていたのであり、一方のみの負担となるのは公平ではないから、連帯債務者間の利得・損失の調整を図るために、賠償義務を履行した者は、他方に対し、他方の負担割合分を負担することを求めることができる。この賠償義務を履行した者が他方に同人の負担部分の返還を請求する権利のことを求償権という。

　なお、本問のような小売業者と製造業者の連帯した損害賠償義務は、不真正連帯債務と呼ばれており、不真正連帯債務における債務者間の責任負担割合は、単純に頭数で割った割合ではなく、双方にどの程度落ち度があったか、すなわち、各事案における双方の過失割合に基づき決まるとされている。[2]

■3 責任負担者に関する事前の取り決め

　小売業者と製造業者は、製品・食品の事故・問題が発生した場合の損害賠償責任の負担者を事前に契約で決めておくことができる。

　たとえば、製品・食品事故に伴う損害賠償責任はすべて製造業者が負うと合意している場合には、仮に、製造業者が被害者に賠償した場合にも、製造業者から小売業者に負担を求めることはできず、逆に、小売業者が被害者に賠償した場合、小売業者は製造業者に賠償額の全額を求償することができる。

　小売業者が製品の開発・製造過程に関与しないNB商品などについては、製造業者が責任をすべて負担する旨契約に規定することが多いと思われるが、PB商品の場合など小売業者が製品の開発・製造過程に関与する場合には、

2　潮見・前掲〈注1〉586頁。

異なる約定をする場合が出てくるかもしれない。

　以上の小売業者・製造業者間の責任負担者に関する取り決めは、合意に関与していない消費者との関係では効力はない。そのため、小売業者と製造業者の双方が損害賠償責任を負う場合においては、仮に小売業者・製造業者間に責任負担者の取り決めが存在したとしても、依然、双方が消費者に対して連帯して全損害について賠償義務を負うことになる。

(6) PL保険

Q79 スーパーマーケットを運営する当社は、PB商品を多数販売していますが、PB商品の製品・食品事故に起因する多額の賠償金の支払いに備えるために、保険への加入を検討しています。

製品・食品事故の損害を填補する保険として、PL保険という保険があると聞きましたが、PL保険はどのような保険なのでしょうか。

A PL保険とは、被保険者が製造・販売した製品または被保険者が行った仕事の結果に起因して第三者に損害が発生した場合に、被保険者が法律上の損害賠償責任を負担することによって被る損害を填補する保険です。

■1 PL保険とは

PL保険（生産物賠償責任保険）とは、被保険者が製造あるいは販売した製品、または被保険者が行った仕事の結果に起因して、第三者に損害が発生した場合に、被保険者が法律上の損害賠償責任を負担することによって被る損害（損害賠償金、争訟費用等）を填補する保険であり、損害保険会社が取り扱っている。

PL保険には、日本国内で生産した製品または輸入製品に基づき日本で生じる事故に基づく損害賠償責任を担保する国内PL保険と、輸出製品に基づき海外で生じる事故に基づき損害賠償責任を担保する海外PL保険がある。また、中小企業には保険に多額の費用をかけることができない企業も多く、商工三団体等の寄与により、中小企業向けのPL保険も創設されている。

PL保険の被保険者には、製造業者、加工業者、輸入業者だけではなく、

販売業者も含まれる。

■2　PL保険の適用を受ける事故の範囲

　PL保険で損害を塡補する事故の類型としては、①被保険者が製造・販売した財物（生産物）が他人に引き渡された後、当該生産物の欠陥により発生した偶然な事故、②被保険者が行った仕事が終了した後、当該仕事の欠陥により発生した偶然な事故があるが、PB商品の販売で問題となるのは、①の類型である。

　また、PL保険は、製造物責任法上の責任、民法上の債務不履行責任、瑕疵担保責任、不法行為責任のいずれにも適用される。

　ただし、約款に規定されている免責事由に該当する場合には、保険金が支払われない。免責事由は、保険会社ごとに多少異なる部分もあるようであるが、被保険者の故意によって生じた損害賠償責任、被保険者が故意または重過失により法令に違反して生産等を行った結果に起因する賠償責任、生産物の損害それ自体の賠償責任、第三者との約定により加重された責任、保険期間開始前にすでに発生していた事故と同一の原因により生じた事故に基づく賠償責任、生産物等の回収措置を講じなかったことにより発生した事故に係る賠償責任等が免責事由とされているようである。

■3　PL保険により塡補される損害の範囲

　保険金により塡補される損害は、①法律上の損害賠償責任に基づく賠償金（治療費・入院費、休業損害、逸失利益等）、②争訟費用（裁判所に納める訴訟費用、弁護士報酬等の費用）、③求償権の保全・行使等の損害防止軽減費用（発生した事故に関して第三者に損害賠償請求できる場合に、その権利を保全・行使するために必要な手続に要した費用）、④損害防止費用（事故が発生した場合の損害の発生・拡大の防止に必要・有益な費用）、⑤緊急措置費用（応急手当等事故が発生した場合の緊急措置に要する費用）、⑥保険会社の要求に伴う協力費用

があるが、加入前に確認する必要がある。

　もっとも、被保険者が現実に支払った費用・損害でも、一部の費用・損害は免責の対象とされており、前掲■2の類型①においては、生産物の回収措置（回収、廃棄、検査、修理、交換またはその他の適切な措置）に関する費用・損害、生産物の欠陥に起因するその生産物の滅失、破損または汚損に関する損害等を免責の対象とする保険会社がある。

第5章　PB商品の製品・食品事故をめぐる法律問題

3　小売業者から製造業者への責任追及

(1)　責任の発生要件

Q80　スーパーマーケットを運営する当社は、メーカーA社に冷凍コロッケのPB商品（以下、「商品B」といいます）の製造を委託し販売していましたが、商品Bに有機リン酸系メタミドホスが混入しており、その原因は、5日前のA社の製造工程にあることが明らかとなりました。

当社は、廃棄処分した商品Bの代金、商品の回収・保管費用、安全性確認検査費用、消費者対応や安全確認検査に要した人件費、新聞への社告掲載費用、廃棄費用、消費者への返金費用に関する損害賠償請求をすることができるでしょうか。

A　貴社は、債務不履行、瑕疵担保責任または製造物責任法を根拠として、上記損害の賠償請求をできると考えられます。

■1　契約の性質

本問のように、一方当事者が、他方当事者の注文に応じて、自己の材料で製作した物を供給する契約を製作物供給契約という。この製作物供給契約には、売買契約と請負契約の規定のいずれかが適用されるかという問題があり、ケースバイケースで判断されることになる。

■2　債務不履行責任（民法415条）

債務不履行責任の成立要件は、本章Q74の解説のとおりであるが、本問の場合、A社の製造工程に原因があったため、債務の本旨に従った履行が

なく、A社の過失も肯定され、債務不履行責任が成立することになる。

■3　瑕疵担保責任（民法570条・634条以下）

　売買の規定が適用される場合には、有償契約一般に適用される瑕疵担保責任（民法570条）を根拠に損害賠償請求することも考えられ、瑕疵担保責任の責任発生の要件は、①瑕疵が存在すること、②上記①の瑕疵が隠れていること、③（売買契約の対象が不特定物である場合のみの要件として）買主が対象物の受領後に瑕疵を認識したうえでこれを履行として認容したこと、である。

　一方、請負の規定が適用される場合には、請負契約の瑕疵担保責任（民法634条以下）を根拠に損害賠償することが考えられる。

　メタミドホスが混入した冷凍餃子の買主から売主に対し瑕疵担保責任を根拠に損害賠償請求した事案において、東京地判平22・12・22判時2118号50頁は、「瑕疵とは、契約の目的物が、契約において当事者間で予定されていた品質・性能を欠くこと……最終的に消費者の消費に供し得る品質を有し、それに基づいて、他社への販売が可能である商品価値を有することが予定されていた……本件商品は、取引観念上、最終的に消費者の消費に供し得る品質を有しておらず、それに基づいて、他社への販売が可能である商品価値を有していなかったと認められるから、本件商品には瑕疵があったと認められる」として、瑕疵の存在を認め、瑕疵担保責任を肯定した。

　本問においても、瑕疵の存在が認められ、瑕疵担保責任が肯定されることになるであろう。

■4　製造物責任法上の責任（PL法3条）

　製造物責任法上の責任の成立要件は、本章Q75の解説のとおりである。
　製造物責任法に基づき損害賠償請求できる主体は、消費者に限定されるわけではなく、小売業者も含まれる。
　また、引き渡した製造物に関する損害のみが生じたにすぎないときは、製

造物責任法は適用されないが（PL法3条但書）、本問のように、商品Bの仕入代金のほかにも、社告掲載費用などを損害として請求し、当該損害が因果関係のある損害として認められる場合には、製造物責任法を根拠に損害賠償請求できる。

■5　損害の範囲

　賠償の対象となる損害の範囲は、損害賠償を求める法的根拠により異なる可能性がある。つまり、債務不履行責任、請負契約の瑕疵担保責任、製造物責任法上の損害賠償の対象はいずれも履行利益[1]とされている。一方、売買契約の瑕疵担保責任については、学説上、信頼利益説[2]、履行利益説など複数の見解が主張されているが、裁判例においては、信頼利益説を採用するものが大半であるとされている[3]。

　廃棄処分した商品Bの代金、商品の回収・保管費用、安全性確認検査費用、消費者対応や安全確認検査に要した人件費、新聞への社告掲載費用、廃棄費用および消費者への返金費用はいずれも、履行利益といえる。そして、これらの損害はいずれも通常事情から一般的に発生する損害であるといえ、債務不履行責任、請負契約の瑕疵担保責任、製造物責任法を根拠にする場合には、上記損害の損害賠償請求が肯定されると考えられる。

　他方、売買契約の瑕疵担保責任を根拠とする損害賠償請求については、損害概念につき信頼利益説に立つ場合、上記各損害の一部が損害とはならない可能性もあると思われるが、上記東京地判平22・12・22は、本問で請求され

1　履行利益とは、契約が有効に成立していることを前提とする概念で、契約上の債務が履行されることにより債権者が受ける利益のことである。契約が履行されていたならばあるべき利益状態と、契約が履行されていない現在の利益状況との差が履行利益である。
2　信頼利益とは、契約が無効である場合に有効であると信じたことにより被った損害であり、契約が無効であることを知っていたならばあるべき利益状態と、契約が無効であることについて知らなかったために現在おかれている利益状態との差が信頼利益である。
3　柚木馨＝高木多喜男『新版注釈民法(14)』391頁。

ている費用等のすべてが損害になると判断しており、考え方が分かれるであろう。

(2) 検査および通知義務

Q81 スーパーマーケットを運営する当社（A社）は、メーカーB社から、B社の商品と同一の仕様のジャムのPB商品（以下、「商品C」といいます）を購入していますが、保健所から商品Cに基準値を大幅に超える農薬が残留しているとの指摘を受けました。当社とB社による調査の結果、1か月前に納品された商品C（まだ店頭に並べられています）に基準値を大きく超える農薬が残留していた可能性があることが判明し、当社は、商品Cを撤去および回収し、B社に対し、商品の売買（仕入）代金、回収費用等の負担を求めましたが、B社は、当社から納品直後に通知がなかったとして、費用の負担を拒否しています。納品直後に通知しなかったことにより、当社は損害賠償請求することができなくなるのでしょうか。なお、契約書には検査・通知義務に関する規定はありませんでした。

A 本問の場合には、納品直後に通知していなかったとしても、商品Cを受領してから6か月以内に、貴社からB社に瑕疵があることを通知していれば、損害賠償請求をできます。

■1　買主の検査および通知義務の内容

商人[1]間の売買については、買主は、その売買の目的物を受領したときは、遅滞なく、その物を検査しなければならない（商法526条1項）。また、買主

1　「商人」とは、自己の名をもって商行為をすることを業とする者（商法4条）をいい、会社がその事業としてする行為およびその事業のためにする行為は、商行為とされる（会社法5条）。

は、検査により売買の目的物に瑕疵があることを発見したときは、直ちに売主に対してその旨の通知を発しなければ、その瑕疵を理由として損害賠償請求することができない（同条2項）。

ただし、売買の目的物に直ちに発見することのできない瑕疵がある場合には、6か月以内に瑕疵を発見することができれば、損害賠償請求することができる（商法526条2項）。直ちに発見できる瑕疵か否かは、その業種の商人の通常の注意をもって、通常要求される方法・程度の検査をして発見できるものかによって判断すべきとされている。[2]

売買の目的物を受領して6か月以内に売主に通知しなかった場合には、直ちに発見できる瑕疵であるかを問わず、損害賠償請求等を行うことはできないことになる。

2 本問の検討

上記の検査・通知義務は売買契約にのみ適用されるため、A社からB社への商品Cの発注に係る契約が製造委託（請負）契約と評価される場合には、検査・通知義務違反が問題となることはなく、A社は損害賠償請求することができる。

しかし、商品Cの仕様はB社のNB商品と同様の仕様であり、A社からB社への商品Cの発注に係る契約は売買契約と評価される可能性もある。この場合、基準値を大幅に超える農薬の残留が、「直ちに発見することのできない瑕疵」といえるかが問題となる。

具体的には、商品Cの納品を受けた際に基準値を超えて農薬が残留することを発見するには、そのことが明らかとなる検査を実施している必要があり、当該検査が通常要求される方法・程度の検査に該当するかが問題となる。

一部のPB商品の自主検査を実施する小売業者等もあるようであるが、現

---

[2] 青竹正一「商人間の売買における目的物の受取りと瑕疵通知義務」ジュリスト1084号109頁。

状、PB 商品の農薬混入に関する検査は一般的に行われていることとまではいえず、通常要求される方法・程度の検査には該当しないと思われる。

　したがって、商品 C に基準値を大幅に超える農薬が残留していたことは、「直ちに発見することのできない瑕疵」であり、6 か月以内に通知を行っていれば、納品直後に通知がないことを理由として、損害賠償請求が否定されることはないと考えられる。

事項索引

事項索引

＝い＝

慰謝料　251
委託内容要件　73
因果関係　248 250
印紙　15

＝う＝

請負契約　258 260 263

＝え＝

営業誹謗行為　183
営業秘密　18 180
営業秘密侵害行為　181
営業秘密侵害罪に対する刑事上の
　請求　188
衛生規範　197
栄養表示基準　192 195
役務提供委託　82
NB　2 5
SPA　3

＝お＝

OEM　4
親事業者の義務と禁止事項　84

＝か＝

回収　231 235 257
買いたたきの禁止　110
加工食品品質表示基準　190 191

瑕疵　259
瑕疵担保　45 46
瑕疵担保責任　256 259 260
過失　240 242 244
過大な景品類の提供の禁止　216

＝き＝

求償権　253
共有　26

＝く＝

クオリティコントロール　48

＝け＝

継続的契約　51
景品表示法　200
景品表示法上の表示主体　204
景品類　216
契約　24 42 45
契約書　14
計量法　192
欠陥　246
研究・開発委託契約　24
健康増進法　192 194
検査・通知義務　262
懸賞による景品類の提供　218

＝こ＝

公正競争規約　220

事項索引

購入・利用強制の禁止　112
公表　235
小売業役務商標制度　144
国際商標登録出願　167
国際登録出願　166
５条書面　93
誤認防止措置　226

＝さ＝

再発防止策　237　238
債務不履行　240　250　256　260
差止請求　30　31　161
差止請求権　185
３条書面　87

＝し＝

自主回収報告制度　234
下請代金の減額の禁止　103
下請代金の支払期日を定める義務　96
下請代金の支払遅延の禁止　101
下請法　67
下請法違反行為に対する措置　121
下請法の適用要件　73
資本金要件　73　76
JAS法　190　194
周知表示混同惹起行為　171
修理委託　80
受領拒否の禁止　99

仕様　49
消化仕入方式　98
消費生活用製品　230　231
消費税転嫁阻害表示　223
消費税転嫁対策特別措置法　123
商標　34　136
商標権　34　137
商標権侵害時の法的救済　161
商標登録　136　142
商標登録の手続　141
商標登録の要件　148
商標の識別性　152
商標の存続期間　143
商品　137
商品形態模倣行為　176
情報成果物作成委託　81
食品、添加物等の規格基準　197　198
食品衛生法　189　194　197
食品衛生法施行規則　197
食品衛生法施行令　197
食品衛生法第19条第１項の規定に基づく表示の基準に関する内閣府令　190
食品表示基準　190　195
食品表示法　194
職務発明　25

書面（発注書）の交付義務　87
書類の作成・保存義務　93
信用回復措置　187
信用回復措置請求　163
　　　　＝せ＝
生鮮食品品質表示基準　190
製造委託　78
製造所固有記号　4
製造物供給契約　42　45　48　258
製造物責任　38
製造物責任法　242　245　250　256　259　260
先使用権　31　32　164　165
　　　　＝そ＝
総額表示義務の特例措置　225
総付景品の提供　219
遡及値引き　105
その他誤認されるおそれのある表示　213
損害額の推定　186
損害賠償　20　31
損害賠償請求　30　31　162
損害賠償請求権　186
　　　　＝ち＝
遅延利息の支払義務　96
中用権　164　165
著名表示冒用行為　174

　　　　＝て＝
転嫁カルテル　133
転嫁拒否等の行為の禁止　126　129
　　　　＝と＝
独占販売権　24
特定供給事業者　127
特定事業者　126
特許　24　28　31
　　　　＝な＝
ナショナルブランド→NB
　　　　＝は＝
廃棄除却請求権　186
売買契約　258　260　263
パテントクリアランス　28
　　　　＝ひ＝
PB　2
PL保険　255
秘密として管理　22
秘密保持契約　17　18
秘密保持契約書　17　21
表示　202
表示カルテル　134
品質管理　48　50
品質表示基準　195
　　　　＝ふ＝
不実証広告規制　208
不真正連帯債務　253

不正競争行為　168
不正競争行為に対する法的救済措置
　185
不正競争防止法　168
不当な給付内容の変更　116
不当な経済上の利益の提供要請の
　禁止　114
不当なやり直しの禁止　116
不当利得返還請求　163
不法行為　242　244　250　256
プライベート・ブランド→PB
＝へ＝
返品の禁止　108
＝ほ＝
報復措置の禁止　119
保護義務　241
ポジティブリスト制度　198
ボリュームディスカウント　105
＝や＝
薬事法　193

＝ゆ＝
優越的地位　58
優越的地位の濫用　55
優越的地位の濫用の摘発事例　64
有償支給原材料等の対価の早期決済
　の禁止　118
有利誤認表示　210
優良誤認表示　206
＝ら＝
ライセンス契約　34
濫用行為　61
＝り＝
リコール　231
立体商標　155　156
＝る＝
類似性　158
＝れ＝
レピュテーション　228　230　235
＝わ＝
割引困難な手形の交付の禁止　119

著者略歴

市毛　由美子（いちげ　ゆみこ）

　1983年中央大学法学部卒業。1989年第二東京弁護士会登録、同年より1994年まで日本アイ・ビー・エム㈱にて企業内弁護士として勤務。都内法律事務所を経て2007年よりのぞみ総合法律事務所パートナー。著書に『実務　知的財産法講義』『基礎から学ぶSEの法律知識』『「社外取締役ガイドライン」の解説』、論文「弁護士からみた情報処理」情報処理2014年3月号（（一社）情報処理学会）（いずれも共著）等。
執筆担当：第2章　第3章1(1)～(3)

大東　泰雄（だいとう　やすお）

　のぞみ総合法律事務所パートナー弁護士。2001年慶應義塾大学法学部卒業。2002年弁護士登録。2009年～2012年公正取引委員会事務総局審査局勤務。2012年一橋大学大学院国際企業戦略研究科修士課程修了。公正取引委員会勤務経験を活かした専門的アドバイスを行っている。独占禁止法、下請法、消費税転嫁対策特別措置法等に関する論考、講演多数。
執筆担当：第3章2～4　第4章4～5

西川　貴晴（にしかわ　たかはる）

　財務省近畿財務局理財部検査官室勤務。2006年同志社大学大学院司法研究科卒業。2009年弁護士登録。2009年～2014年のぞみ総合法律事務所勤務。2014年2月現職勤務に伴い弁護士登録抹消。
執筆担当：第1章　第3章1(4)　第4章3　第5章

著者略歴

竹内　千春（たけうち　ちはる）

　外資系広告代理店勤務後、米国にて社会経営学修士号等を取得。8年間短期大学で専任教員（英語教育）を務めた後、法科大学院へ進学。2009年弁護士登録。イリノイ大学客員研究員留学を経て、のぞみ総合法律事務所所属。国内外の諸取引にかかわる契約実務、労務関係、民商事訴訟を扱う。論文に「大学における授業および研究活動と著作権法」情報処理2014年3月号（（一社）情報処理学会）等。

執筆担当：第4章1～2

のぞみ総合法律事務所
〒102-0083
東京都千代田区麹町3-2　ヒューリック麹町ビル8階
TEL：03-3265-3851　FAX：03-3265-3860
http://www.nozomisogo.gr.jp/

Q&A プライベート・ブランドの法律実務
──商品企画・開発から製造、販売までの留意点──

平成26年8月6日　第1刷発行

定価　本体2,200円（税別）

著　　者　市毛由美子　大東泰雄　西川貴晴　竹内千春
発　　行　株式会社　民事法研究会
印　　刷　株式会社　太平印刷社

発行所　株式会社　民事法研究会
〒150-0013 東京都渋谷区恵比寿3-7-16
〔営業〕TEL 03(5798)7257　FAX 03(5798)7258
〔編集〕TEL 03(5798)7277　FAX 03(5798)7278
http://www.minjiho.com/　info@minjiho.com

落丁・乱丁はおとりかえします。　ISBN978-4-89628-958-9 C2032 ￥2200E
カバーデザイン　関野美香